走出思想的边界

knowledge-power
读行者

天下格局

文明转换关口的世界

许倬云 著述
冯俊文 整理

岳麓书社·长沙　博集天卷 CS-BOOKY

我不在书斋里，我在人中间。

———许倬云

序
观照历史，是为了更好地看见未来

2020年春天，还是疫情期间，我在一个清晨，看到了《十三邀》专访许倬云先生的视频。我看完之后就流泪了，又看了第二遍。那个访谈对我影响非常大。其中，许先生被问道：如果往未来走的话，人应该怎么样？他说：首先要胸襟广大，所有人类走过的路，都是我走过的路之一。先生这句话，代表着一种深远的格局和见识。当下的时代，变化频密，凡事讲求短平快。懂得从历史和他人身上汲取力量、为我所用的人，是真正有智慧的人。

过了一年，有一天，同事对我说，混沌请到了许倬云先生来开课，还要做直播，让我去做主持人。我记得那天是深夜，我跟几十万网友和混沌学员一起，隔着屏幕，见到了许先生。我们聊到了轴心文明，讨论为什么在东方的老子、孔子、穆罕默德，以及西方的苏格拉底、柏拉图、亚里士多德之后，再也没有如同他们一样有分量的智者出现在人类文明历史中；我们也说到了在农业文明、工业文明之后，下一个人类文明发展的高峰中，中华文明作为唯一一个不曾中断的古老文明，将会扮演的角色；我们还谈到了中国传统知识分子赖以安身立命的"横渠四句"，讨论当下的知识分子该如何自处。

许先生在回答中，以大历史的视野，点明所谓"轴心文明"，并非一个特定的历史事件，而是前后持续长达千年的过程。这确实是一个令人耳目一新的观点。许先生还大胆预言，当下这个看起来浮躁多变的社会，正是人类新的"轴心文明"的形成时期；我们每一个人在第二阶段文明的形成过程中，都将有机会发挥自己的作用。

这次对话结束仅仅两年之后，OpenAI、ChatGPT横空出世，人工智能占据了人类文明发展的重要生态位。如果说，曾经的轴心文明诞生的人类智慧，至今仍是我们赖以思考的主要通道，当下的这波人工智能浪潮，将在某种程度上决定人类的前途命运。先生的预见性，可见一斑。

这种预见性，来源于先生对于中国历史、世界历史长达六十年的潜心研究，尤其是对于中国古代史、两河流域和埃及历史、基督教起源、东西方商贸历史等领域的研究，这种研究使得许先生对于世界文明的缘起及演变都了然于胸。历史不会重复，但其内在的发展运行确有其独特的过程。掌握了这一过程，从某种程度上来讲，历史学就会成为最好的未来学。

混沌创办九年来，一直以"遍请天下名师，做出一堂好课"为使命。2021年，疫情仍在全球肆虐，许先生人在美国，我们无法派遣团队上门拍摄；先生身体不便，身边只有已是古稀之年的许夫人一人负担。但同事们经过诸多努力，仍然呈现出了一系列满分的课程。许先生的大历史格局与思路也在课程中展现得淋漓尽致。他从文化基因、政治演变、经济格局三个方面，探讨当今世界体系的起源、现状和未来，讲解人类历史上值得铭记的重要时刻和画面，回答了人类从何处来、将向何处去这两大问题。先生尤其关注中华文明在人类历史中的位置及其与周边国家乃至整个世界的互动关系。许先生说，所有对历史的观照，最终都是为了帮助我们更好地看见未来。

回到混沌。为什么我们要做这样的课程？从根本上来讲，我们认同许先生所说，世界历史早已连接为一体，历史、现在和未来也同样会无缝连接。我们希望看清中国当下的处境，乃至预见未来走向，就必须回到世界历史的纵深框架中，去理解世界文明从分隔到融合的进程，去思考中华文明在这一进程当中逐步深入、丰富的角色演变。

一切对于历史、哲学、科技、经济、商业的关注，最终都是为了人能有更美好的生活。但世界在不断变化，美好生活的实现，离不开人的持续成长。这也是为什么2022年，混沌再次请到许先生开课，讲述"许倬云何以成为许倬云？我的人生原则"。我们希望，通过请许先生还原自己的求学、成长历程，来引导当代人从不同的维度去丰富自己的见识，提高自己的能力，发展自己的智识，成为这个混沌世界里，能够领先半步、认知世界的人。

两次请许先生来到混沌开课，是混沌与先生之间莫大的缘分，也有赖于许先生助理冯俊文老师的多番协调、帮助。近年来，冯老师协助整理出版的著作《许倬云十日谈：当今世界的格局与人类未来》《往里走，安顿自己》及其为先生编定的93岁贺寿文集《倬彼云汉：许倬云先生学思历程》，及新近出版的收官之作《经纬华夏》，我都一一细读。鲐背之年的先生，仍思维活跃，创造力丰富，文字当中饱含着90余年行走中西的智慧与对人的拳拳深情。先生相信，中华文明在当下乃至未来世界，必将扮演举足轻重乃至决定全局的角色。其高瞻远瞩，远见卓识，振聋发聩；其为国为民，忧心劳力，更令人动容。

混沌十分珍惜与先生之间的缘分，也希望经由这本书的出版，能让更多人借先生的所思所见，得以窥见这纷繁世界的真相实相，过一种更为清醒、值得的人生。

是为序。

混沌学园
李善友
2024年7月于北京

目 录

导　言　人类文明转换的关口　　001

第一讲　"天下国家"的超稳定结构　　007

　　"定中有变，变中有安"，是中国历史发展的基本面貌。就如同百年来的近现代中国，衰极之后还是可以找到出路，一直发展到今天。

第二讲　轴心时代的中国与世界　　025

　　人立足于天地之间，作为天、地、人"三才"之一，有其不可替代的位置和价值。从终极而言，人心必将回归天地之心。

第三讲　民族崛起与近现代世界的诞生　　061

　　在族群基础上形成的新的民族国家，不再雇用牧师、神父管理国家，却任用皇族出身的小贵族或世家子弟处理政务。欧洲经过"三十年战争"与两次世界大战，至今还是小国林立。

第四讲　全球化视野下的中国经济形态　　077

　　很多事情实际上的善恶、好坏，差别就在毫厘之间。无论在制度还是行为上，人都不一定能控制其走向，处理起来要极其小心和谨慎。

第五讲　近代世界的生成与中国商业文明　　099

商品、银行、保险、海运、交易所……种种元素，就是今天环球区间贸易的基本要素，也是资本主义大国维持其国际贸易体系的基本环节。

第六讲　世界贸易体系的形成及兴衰　　115

政治制度需要应当时当地的现实情况，不断做出变化——世间没有适应所有不同地区、不同发展阶段的完美制度，世间没有"万能药"。

第七讲　全球化贸易的世界格局　　125

其实技术发展到今天，任何高科技产业都是一盘向全世界摊开的棋局，各项专利套在一起，脱不开、切不断。

第八讲　未来世界的几个方向　　139

人类能够相聚在一起，成就一番事业，是靠人与人的合作，不是靠人与人的冲突，更不是靠人剥削人。

结　语　全球化的进程不会终止　　151

附录一　我们正经历一个了不起的新"轴心时代"　167
　　　　　——许倬云对话李善友

附录二　前面的来路艰难，中国可能还是幸运的　187
　　　　　——许倬云对话许纪霖

附录三　从中国传统文化精神资源，求得安心所在　199
　　　　　——许倬云对话余世存

附录四　许倬云：我不在书斋里，我在人中间/汤向阳　237

后　记　理想的价值在于理想本身/冯俊文　261

导 言
人类文明转换的关口

各位读者朋友,你们好!

我是许倬云,一个移居美国五六十年的老头子,已经90多岁了。年迈老病之际,我愿意与大家谈谈话,是因为我觉得:作为中国人,应该对中国做出一定的回报,将我专业上所得所知与诸位分享。

究竟为何,我们要设法理解人类文明的起源?为何我们要尤其关注中华文明与世界文明的互动?这个历史性的过程,过去是何种面貌,未来会走向何方?这是这本书,我希望与大家共同探讨的问题。

首先,我们需要理解,人类文明存在所谓"轴心时代"[1]:差不多在距今2200年到2800年之间,世界各处的文明

---

1. 德国存在主义哲学家、精神病学家雅斯贝尔斯(Karl Jaspers,1883—1969)在1949年出版的《历史的起源与目标》中提出了"轴心时代"的概念。他认为,公元前800年至公元前200年之间,尤其是公元前600年至公元前300年间,是人类文明的"轴心时代"。这段时期是人类精神文明的重大突破时期,各个文明都出现了伟大的精神导师。

都出现了一个集中的"突破期"。那一段人类文明，从最初的生产、生活、聚族而居，开始建构形而上的系统，借此解释人与自然的关系，人与人的关系，乃至人神之间、天人之际、生死之间的关系。

在中国部分，我们注重的是人与自己的关系、个人与群体的关系。由此推而广之，我们才注意到人与自然的关系、人与神的关系。

而西方文明，自从埃及发展出一神教，犹太人在此基础上发展出犹太教的一神信仰，进而转化成基督教，基督教又分化出天主教与东正教；后来，天主教改革，又衍生出新教[1]；在此期间，阿拉伯半岛还出现了伊斯兰教信仰……如此种种，可见西方文明的主流一直是"以神为主"——神是全知全能的，人要向神屈服；由神来拣选某些人，作为其在人间的代言者和信众。

一神教独占性的信仰之下，信众就是神特别垂青的一个族群，其所作所为都是为了荣耀神，但他们也蒙受神恩及神之护佑。如此观念下，信徒与非信徒之间泾渭分明，而且信徒自认为有先天的优越性。以近代欧洲白人如何对黑人及印第安人

---

[1]. 新教，与天主教、东正教并称为基督教三大教派。中国常以"基督教"一词单指新教，民间常称其为"耶稣教"。因为新教对天主教持抗议态度，不承认罗马主教的教皇地位，故西方一般称其为"抗罗宗"或"抗议宗"。

为例：白人占领其土地，剥夺其资源，践踏、奴役、杀害其民众，却殊乏愧疚之感，认为这一切理所当然，因为这些人都不是神的子民。这是近五百年间，欧洲强大之后，白人对待其他地区的普遍做法，而且至今没有悔改的迹象。历史上伊斯兰教与基督教的对抗，也存在类似情形。

假若我们不理解历史上的这些分歧，就无法了解今日的世界，为何存在如此的不公平；也就不容易理解，为何近代以来的中国被打趴在地，受了一百多年的苦。

理解这些以后，我们才能更好地参与全球化，与其他文明互相适应，共谋发展。我们最终的共同目标，是建立一个人与人之间互相包容、互相合作的世界；我们共同享有地球上的一切资源，也在地球上和平共处。

我们不但要理解过去的历史，更要理解自身的现状：在这个前所未有的大变局时代，在不同文明间如此频密地对话与竞争之时，我们中华文明应该采取何种立场。中国文化的一大特点，是"以人为本"——这不是一句空言，我们的传统文化讲天、地、人三才，"人"居于中间参赞天地，有义务和责任参与塑造自身，参与构建人类命运共同体之行动。作为人，我们要依凭自己的良心，对待自己、他人乃至宇宙万物。我们中国人过去敬拜不同的神，也是凭着我们的良心；人与人相处，我们也经常说"凭良心"，"推己及人"，"己所不欲，勿施于人"，这其中包含人与人之间的平等以及个体生命的自主、自由。

我个人觉得，"以人为本"这个立场，应当是人类共同寻找的未来世界发展理论的一个重要部分。只有相信自己的良心，我们才会平心静气地去对待他者，不卑不亢，与他者建立平等互惠的长久关系。

尤其在未来，非洲大陆会慢慢被开发。等到非洲人不再是被世界遗忘的孩子，非洲世界能够全面融入人类共同社会的时候——请注意，天下弱势的百姓，不止非裔，处处都有穷而无告的受难者——我们应该张开双臂接纳他们，帮助他们。中国人受过苦，因此我尤其希望中国人能够尽量帮助穷而无告者，帮助天下那些受尽了冤、吃尽了苦的穷人，使他们能够理解自身所应拥有的权利，及其将来可能的发展方向。同样，生活在中南美洲的人类，以及生活在太平洋和印度洋海岛上的民族，一样等待有人去帮助他们——让他们认识到自身的重要性，以互惠、互尊、互重的态度，与其共同缔造一个世界性的文明。

在这个人类文明转换的关口，作为中国人，我们自己尤其要自尊自重，既不能骄傲，也不能践踏自己。

我希望，大家能够理解我的此番想法。年岁愈长，我愈珍惜中华文明之中可贵的部分。当然，中华文明也不是没有需要检讨的地方，比如"五伦"，这是非常"定格"的上下尊卑；身处其中，人与人的关系不平等，也并不自由。凡此固定、呆板的伦常观念，其实是从宋朝以后才出现的，我们可以改革它。明朝出现的阳明心学观念，就比较不一样。我们应该重视这一尊重人性的体系，以解释今天"人的特别地位"，以及个体在人群之中的特别地位。我们每个人都要知道：自己是人类之中的一分子，与其他任何人同样可贵，也同样应该负起自己应有的责任；尽到自己的努力，去给人家同样的权利、同样的地位。

第一讲 "天下国家"的超稳定结构

我们求安定,但我们不怕变化,而且愿意直面变化,改造自身。所以,"定中有变,变中有安",是中国历史发展的基本面貌。就如同百年来的近现代中国,衰极之后还是可以找到出路,一直发展到今天。

这一讲我们要讨论的是，作为世界上人口最多的国家，中国的疆域如此辽阔，我们要面向未来发展，哪些是既定的因素？哪些是稳定的因素？哪些是关乎政策变革的因素？

中国广土众民、族群多样，各文化区中的人，其定居程度如何？人种成分如何？这是非常重要的事情。更要紧的是地理条件，因为我们身处何地，那就是我们"下锚停船"之所在。人类生活的地理条件，决定了其特定的社会组织和生产结构，而中国的地理结构，决定了中国长期稳定的"天下国家"形态。

得天独厚的地理条件

从世界地图来看，中国所在的区域是相当完整的一大片；而中国的内部各分区之间，也不存在无法跨越的障碍。天地之间，如此广大的一块区域，中间没有太大隔绝，放眼全球只有中国和美国。

相较而言,欧洲的内部地理条件就没有如此方便。欧洲是破碎的,其内部主要有两大区域:一是地中海地区,二是阿尔卑斯山以北的平原山地。地中海西边的伊比利亚半岛,石头相当多;东边是干旱地区的海岸,以及巴尔干半岛;剩下就是北海一带,以及俄罗斯的广大地区。这几个地区之间,地理条件各异,区与区间的距离相当遥远——不仅地理遥隔,其文化性质也存在相当大的差异。

印度的大部分领土,分布在喜马拉雅山西坡与南坡,南坡比较陡,西坡和缓一点,尤其是印度河流域及恒河地区。印度由交通非常不便的高山地区,加上两条河流所覆盖的平原地区组成,内部被切割为一个个破碎的小单位。巴基斯坦与孟加拉国,历史上曾是印度的一部分,今天已经是两个独立的国家。非洲目前我们不讨论,因为整体而言,这块区域还未发展起来。

假如我们将喜马拉雅山视为一个巨人,整个东亚大陆都受其影响。假设这个巨人面东站立,其左脚所踩的地方,就是今日新疆、青海和甘肃一带。高山融雪顺流而下,形成湖泊、河流以及沿岸绿洲——雪水流经之处,生命随之而来。但是,因为这一区域气候干旱,河水容易干涸,就形成了大片沙漠。

这片区域过去交通不便,却是中国与欧洲之间联系的必经之处，今天其交通地位仍然举足轻重。历史上经常有游牧民族在此居住，与中国内部的农耕民族冲突不断。好在，今天这片地区大半在中国疆域之内。过去因为干旱，这一地区不便开发，如今我们已经有足够的人工技术来改善环境。而且，因为温差很大，该地区不同区域的气候各不相同，物产也很丰富。

如果喜马拉雅山这个巨人面向东方，将左手一伸，跨过阿尔泰山，经过大青山、杭爱山，中间越过许多的草原、山谷，再往东边走，就是太行山的北坡以及阴山，再过去就是大兴安岭那一带的群山及河流。整体而言，这一块是干旱地区。这些地区的地形，基本上是山岳和平地混合，纬度高，气候较为寒冷。但是，由于它是一个山区和平原向南开口的地形，常常山下就是很好的谷地，水草丰茂。

在冬天，这些谷地所背靠的群山，挡住了自北而来的寒风，向南迎着温暖的太阳。所以，中国建筑讲究"坐北朝南"。这条路上各种山绵延不断，或大或小，或孤立，或连成群山，都有向南的开口，与平原相接形成广大区域，向东南延伸。

北方草原上沙漠并不多，基本上是草原与山地及岩石带的交错。这一草原地带虽然并不连续，总面积却非常庞大。这里的气候环境，也只适合游牧民族生存。因为他们的生产线并不长，可以随着气候的改变南北移动；他们需要不断更换新的草地，满足牲畜的食物需求，再以牲口的肉和乳类作为食物。所以，这一带的生活比较艰苦。

岳飞的《满江红》，以"踏破贺兰山缺"抒发"收拾旧山河"的志向。"贺兰山缺"，指的就是贺兰山及其下面的小片沙漠、小型湖泊。过了这一高地，就是今天的宁夏和陕西。

黄河从青海巴颜喀拉山而出，向东流经四川，又向北流经甘肃，转向东流到宁夏，进入河套平原，又往东、往南进入陕西和山西的交界处，到风陵渡向东连接渭河。这一块关中地区，是中原核心区域的开始。风陵渡被誉为"黄河第一渡口"，也是金庸小说《神雕侠侣》中，郭襄和杨过初次见面的地方。过了风陵渡直下，便是黄河以北的山西省，它是一个"大盆地"：北面是向南开口的山岳地带，中间是南北向的河流，它们连通黄河，然后到达运城平原。过了山西省，就是海河平原——海河及其支流，实际上一直流到渤海湾。从渤海湾往南就是山东省，山东半岛就是黄河入海处。

有一个大平原从山西一直延伸到山东，我们称之为"华北平原"。这片地区纬度比草原低，但还是较为干旱。好在夏天太平洋季风会带来降雨，黄河及渭河等支流，也能提供农耕用水。这片黄土覆盖的地带，地形基本上是平原——当然也有许多纵横交织的河流贯穿，从西往东有七八条。这一世界著名的黄土平原地带，土质细，土壤营养程度高，因为土中的毛细管可以将土壤底下的养分吸收到靠近地表的位置，进而满足旱作农业的需求。

黄土平原与南方的分界线，是"秦岭-汉水-淮河"线。从这条分界线到黄河为止，中间一大片平原地带，是中国小麦、小米、高粱的主要产区，也是重要的棉花产地，还是中国文化的早期源头。

这一块区域考古遗址密度最大，对中国而言极其重要：历史上中国主要的朝代在此形成，主要政治体的整合也在此发生。但随着时间的推移，中国的核心区逐渐向外扩张，其政治核心区也就越来越往外移。

假如我们回到喜马拉雅山巨人的视角，其右脚所踩的地方就是四川盆地，源出唐古拉山的长江经此向南、向东流，发展出"江湖大平原"，也就是长江流域加上洞庭湖流域。长江水量之大、涵盖地区之广，世所罕见，这一"江湖大平原"地区是中国最富足的农产地。所谓"湖广熟，天下足"，这个地方所产的粮食，足以供应中国所需。一直到民国初年，中国一半以上的粮食都是靠湖广和江南供给的。

长江的出海口就是上海，中间还流经南京。附近的江南地区，滩头面积非常大，里面有无数小河流，交织为一个河川百出、水网密布的稻田农耕区。这片地区的矿产颇为丰富，相较黄淮地区要富足得多。因为作物生长季节长，东南季风给江汉及两湖地区带来丰沛的水源，加上交通发达、人口众多，江汉地区就与黄淮地区一起，成为中国最重要的核心地区。

从考古学上看，以新石器时代论，长江流域和黄淮流域分布的农业遗址的密度相差不大。但当中国被整合为统一的大帝国时，各个朝代的首都，建在北方的时候居多。与江汉地区相比，黄河地区发展的时间稍早，但二者几乎可以说是平行发展的。只是从政治中心和人口迁移走向来看，是自北往南——黄淮地区人口过多，或受到北方游牧民族压迫，就会往江汉、两湖地区迁移；当江汉、两湖地区土地不够用时，就会往更南处迁移，包括今天的浙江、福建、广东以及广西和海南等地。

在新石器时代，沿海地区也有很古老的文明。但是它们参与上述核心地带的活动，基本上是被动的。沿海地带狭窄的平原很多，其间有很多小河流，气候非常温暖。所以，这一地区农耕面积不大，但其农业生产自给有余，可以容纳北方来的移民。每一次北方游牧民族进入黄淮地区，就会触动这一自北而南的"连锁反应"，人口一批批地往南迁移，这就使人与人、族与族之间的融合，几乎每隔一两百年就会发生一次。

我们还是以面向东方的喜马拉雅山巨人来定位，其右脚跟所处的位置，就是中国西南部的云南、贵州以及四川的一部分。唐古拉山及喜马拉雅山下来的雪水流经此地，构成几条南北向河流，如怒江、澜沧江、雅鲁藏布江等，一直流向南亚和东南亚——大部分经过泰国、越南等地进入太平洋，小部分经由缅甸等地进入印度洋。

云贵地区有高山、峻岭、深谷，还有若干山间湖泊，但平原很少。这一地区的地质情况很特别：从山脚走到河谷，是温暖潮湿的气候；往山坡顶上走，越往上越寒冷。这一区域的气候和植被，会随着海拔的高低而变化。

中国北方的草原地带，自北而南的距离也相当远：从蒙古国与俄罗斯交界处，一直到山西省与河北省北部的"坝上"地区。在这一区域，考古学家发现了一个现象：从西南山地经过四川省的北面一直到草原，正好画出一个大弧形，成为草原与农耕区的天然分界线之一。

在上述区域内，地处山脚下的山地及草原的南半边，都比较适于居住、农耕——再往北就是游牧地区了。所以西南地区的游牧地带沿山坡分布，耕地则在谷底或朝向谷底的小斜坡上。在这些地方，我们发现了很奇怪的现象：经过川北草地，西北的游牧民族进入西南山地后，其生活形态也会变为半游牧、半农耕式；连西北大草原上的马进入云南山地，都发展为小型的变种——滇马。从考古遗址，我们同样可以发现：西北的影响可以越过中原，经由关陇、四川的边缘地带扩散到西南。

如果将中国看作一个面朝东方的巨人，以此形容各个地区的关系，那么巨人的两只眼睛，一只是台湾岛，一只是海南岛，这是中国在太平洋之中的两个据点。而台湾岛乃是菲律宾板块撞击亚洲大陆所形成的东边的一块高地。台湾的玉山是中国东部最高的山地，所以传统中国讲"五岳"，现在应该加上东南海上新的"海岳":玉山。台湾物产丰美,过去也是福建、浙江两省人民移民的方向。海南岛温暖宜居,如今已是很多国人越冬的所在。虽然这两个岛屿都算不上特别大,但是因其承受温暖季风带来的大量降水,所出产的水果却是今天中国最好的——第二个优质的水果产地是新疆,因其日照时间长、昼夜温差大。

如前所述,中国疆域内部没有什么难以逾越的障碍。跨越阻断甘肃、宁夏与关陇地区的群山相对困难,但其间也有黑水道,将西部草原与较为平坦的东部草原连接起来。那一带的山地、沙漠、湖泊等虽然彼此隔绝,但是也可通行。北方草原与黄淮地区之间,没有很大的隔阂——跨过相对容易的内蒙古大草原的中部,经过太原、大同就能进入陕西。

在中国的东北方,山林广袤的大兴安岭将内蒙古高原、呼伦贝尔高原与东北平原分隔开来。可是无论草原地区还是东北地区的范围都很大,足以自成一片区域,内部非常完整。当年没有火车等大的运载工具,也没有如今纵横密布的交通网,中国内部也没有什么难以跨越的地区。从北方草原进入黄淮地区并不难,从东北进入海河地区也非难事,这使北方草原民族可以持续不断地进入中原。

游牧、农耕不断融合的民族关系

接下来,我们看看中国内部的民族关系。从考古学上看,世界上很多族群都曾在中华大地上出现过。西部草原上,尤其从新疆地区一直到甘肃,曾经生活着印欧民族。我们在历史上,对这一族群曾有过不同的称呼。这也就意味着,中国本部从很早就注意到这一地区的族群及其与自身的关系。

中国草原上的游牧民族与黄淮地区的汉族在体质上没有太大区别,都属蒙古人种。只是,这一群体说的是乌拉尔-阿尔泰语系的语言,也就是草原上共通的一些方言。草原上的族群是四处游牧的,所以他们很容易就有语言的混通和交流。向西越靠近新疆,这些草原民族的语言与印欧语系的关系就越混杂。所以,中国新疆的少数民族,诸如维吾尔族、哈萨克族,其语言和西方人不同,也与乌拉尔-阿尔泰语系的语言有一点区别,我将其称为"亚洲系白人",也有人称其为"斯基泰人"。

草原上的游牧民族,其生存条件不如汉地,到了冬天日子尤其不好过:只有向南的山坡及谷地可以放牧,大雪来的时候,连牛都无法啃食雪底下的草,这时候牲畜的损伤也很大。所以,游牧民族经常被迫往南移动,尤其在遭遇冬天严酷气候导致的生存压力时。

第一讲 "天下国家"的超稳定结构

地球上的气候变化除了四季更替这种以年为单位的小周期之外，还会呈现大的周期性变化。比如，历史上出现过若干"寒冷期"，短则几十年，长则上百年。这些"寒冷期"的出现，对游牧民族来说是个考验。生存所迫，他们必须迁徙到更温暖的南方，甚至是到农耕民族居住的地区，劫掠其资源来喂饱他们的牲口和人丁。

因此，长城沿线的南北战争自古不断，而长城的建造，就是为了阻挡胡马南牧。从蒙古游牧民族的考古遗址可见，他们的聚落分布确实与纬度有关：越靠近南方越密，越靠近北方越稀疏。中国历史上朝代更替，许多是因为游牧民族南迁引起的。他们向南迁移压迫汉人，汉人抵抗、防守一阵，最终防线破裂，大批游牧民族潮水般涌入中原。规模最大的一次是在魏晋南北朝，历史上号为"五胡乱华"，但在此前，其实已经发生了很多次类似的事情。

我们中国人，常常自称"炎黄子孙"。历史记载，黄帝号"轩辕氏"（"长轩高车"）。由此可知，黄帝所在的这个族群是使用车子的游牧民族。黄帝所代表的游牧民族，与炎帝所代表的农耕民族，既是同盟，又是敌人。传说中所谓"炎黄"的斗争，就发生在今天永定河上游的河北涿鹿一带；后来炎帝、黄帝联合，与五帝之中太昊、少昊集团的斗争也在此地。

在气候较为温暖时，从河套一直到陕西都是农耕地带；

气候寒冷时，这里又变成游牧地带。在山西、陕西之间，也就是相当一部分炎黄传说的发生地，其生产形态也呈现如此"钟摆状"的摆动。中国"传说时代"的历史记忆，可以说是北方与南方冲突、融合所留下的痕迹。

炎黄族群的接触与融合，整体而言发生在大约五千年前。然后，他们共同面对的新的冲突，就是来自东边渤海湾山林里的牧人——也就是前述太昊、少昊集团。这两个集团之间的纠缠，就从海河地区一直到黄河下游地区，这是中国历史上起源传说最多的地方。所有的故事，背后反映的都是族群的移动、族群间的冲突，这与考古发掘所呈现的面貌是相符合的。距今约四千年前后，山东、辽宁一带也曾经发生过一次大寒潮，气候干冷。原本生活在山中的猎户们无处可去，被迫迁移到农耕地区。所以，那个时期中国的民族迁移非常频繁。这个节点，也可以说，中国正从黄河下游的古代转向列国体制，等待着进入天下国家。

中国历史上第二次大规模的族群冲突与融合，是在商周之际。鬼方、玁狁、鲜虞乃至西面的"义渠之戎"等，各种游牧民族不断压进来，共同参与塑造了商周时期的中国历史。

第三次大规模的族群冲突与融合，发生在春秋战国时代。大批的北方戎人、胡人往南移动，刺激了黄淮地区许多国家内部的变化。地处北方的国家如赵国、秦国、燕国，虽然承受来自游牧民族的压力，但也得到北方更多、更好的战马和兵员——这一时期的战争模式，也从车战转为步骑联合作战。这种来自北方的压力，迫使黄淮地区的许多国家和族群南移到江汉，强大的楚国以及吴国、越国就在这时候出现。

到了秦汉帝国实现大一统，这个阶段完成了第四次的南北大融合。秦人的祖先是东夷族，后来秦国军队吸纳了很多部落民。周人同样如此，他们本身是生活在关中平原的农耕族群，可也吸纳了许多北、东、西甚至西南方向的部落民，构成其东征的部队。

秦汉以后匈奴对中国本部长期的扰乱，是历史上很大的事情。之所以修建万里长城，就是为了抵抗匈奴的南下攻扰。其实，匈奴不但向南压迫，也往西部推移。而西部原有的游牧民族感到压力被迫往更西部迁移，就进入欧洲。所以，欧洲大批的外来移民进入，与中国面临匈奴的压迫几乎发生在同时。

匈奴以后，更大的一次来自北方的压迫，出现在东汉末年到魏晋南北朝时期。这时全球气候变冷，导致北方草原越来越不适合人类生存。大批东北、西北地区的游牧民族，纷纷压向南方以及西方，这就开启了东汉末年以后近四百年的民族大融合。西晋末年，中国的北方整个被胡人占领，部分汉人随着大族南渡；留在北方的汉人聚族而居，建立了坞堡壁垒自保——胡汉之间只有"一墙之隔"。此后，大规模的胡汉融合迅速展开，中国北方的语言渐趋稳定，汉语之中夹杂许多少数民族词语及发音。而北方原有的许多汉人，则被迫向南迁移到江汉乃至沿海地区。

隋唐时代,接替匈奴统治北方草原的,是更为强大的突厥。突厥人建立了当时世界上最大的草原帝国——突厥汗国,他们结束了整个北方草原的混乱局面,其力量足以与隋唐帝国抗衡。直到唐朝军力强盛,兼并许多部落民以后,才拥有足够的力量将突厥打下去。此后,突厥一分为二,一部分势力被迫向西迁移,使中亚、欧洲承受了很大的压力;留在东方的突厥人,则最终被中国吸收。大唐盛世,西北方向的胡人,因为商贸、战争等原因纷纷进入中国。像安禄山就是出身中亚"昭武九姓"的胡人,他进入唐朝为官,深得唐玄宗信任,最后导致"安史之乱"爆发。

突厥以后,中国北方陆续出现契丹人、女真人、蒙古人、满族人……一拨又一拨,永远是游牧民族从北方进扰,将原有的华北居民压向南方,居住在南方的居民则被压向更南方。清军入关以后,最后一批大规模的汉人南移,是随郑成功进入台湾地区。此前,进入台湾的大多是浙江、福建一带的原住民——这一群体,乃是今天所谓"南岛民族"的先驱,他们以台湾为跳板,进入更远的南方岛屿。"南岛民族"与华夏民族的血缘关系,在今日福建省与浙江省还可以看得出来。

整体而言,长期以来中国的民族融合,农耕人群可以吸纳游牧部族,游牧部族则较难吸纳农耕人群。最终,游牧部族被同化,纳入中国以农耕为主的基本经济体系之内。上述情况，使中国人的生活也相当稳定。从人种来看，中国人约有四分之三是蒙古人种，另有约四分之一的人口是混杂进来的"亚洲系白人"，如今日新疆的哈萨克族等。这些亚洲系白人进来的时间不是很长，所以从外貌上还看得出来其痕迹。比他们更为古老的亚洲系白人，例如秦国带进来的"义渠之戎"大概就是白种人，但已经完全融入中国本部。原本生活在中国甘肃一带的"塞种人"，其中一部分移入中亚，一部分就留在原地，混合于中国居民之中。

精耕农业与纵横交织的道路交通网

中国的定居农业发展得非常早，而且从散耕或粗放形态发展为精耕农业。我对传统农业一直有兴趣，也写过一本《汉代农业：早期中国农业经济的形成》。我觉得早在战国时期，中国的精耕农业就开始了：人可以选种、施肥、灌溉，改良土地以增加产量。用作农耕的土地并非天然土壤，而是经人工改造形成的土地——这就使农民安居乐业，像钉子一样被钉在土地上。这种农业形态的稳定性，使进来的人群只能迁就农民，而不能改变农民。中国的农业用地在长期精耕之下，生产的粮食够大量人口食用，这也是中国长期稳定、有力量融合外族的保障。

此外，秦汉帝国时期，中国还发展出遍布全国、纵横交织的道路交通网。这使农产品能够快速流通：北方产的麦子能够快速转运到南方，南方产的稻米也能够快速转运到北方，作为主粮的另一种选择。水果、蔬菜、纺织品……都依托上述交通网，在不同区域间流通。中国内部不同的农业区，因为道路网而相互连通。

这个道路交通网于秦代建设、汉代完成，此后只是一步步完善而已。最后一部分的完善，是从明朝开始将其延伸到云南及西南其他地区——直到今天，这个过程还在继续。至于从中原到西北的道路网，从汉朝就开始建设了，也就是所谓丝绸之路。这个道路网的出现，也使中国内部被连在一起，形成了一个稳定性结构。

天人合一、安土重迁的文化特质

中国拥有得天独厚的完整地理条件，内部族群一批批迁移、融合，又形成了高度统一的族群，加上完整的内部道路交通网保持畅通，所以中国才不容易散架。中国的文化特质之一是安土重迁，认为能够世代住在一个地方是福气，能够传宗接代是福气。中国人之间的关系，也是从个体、小群到大群连续下来，形成个人—家庭—亲族，乃至民族—国家的大关系网络。

中国人际关系的特色，就是每一个人都属于这一大网络之中不同的层次。作为其中一员，既能得到大网络带来的好处，也要对大网络有所贡献。大网络对身处其中的个体，也有一定要求。这种个体对群体的归属感，是中国长期保持安定、稳定的重要文化因素之一。

虽然中国传统的农业社会是靠天吃饭的，但我们不仅可以将上天赐予的自然条件（例如土壤）加以改造，还可以顺应乃至利用天地自然规律，提高生产效率。农耕本身是按照天时来安排的，什么时候应该播种，什么时候可以收获，都有一定的时间规律。所以中国人对于气候的变化，对于山林、河流等的变化，都非常敏感——人对自然环境敏感，又对季节性的生产敏感，这就使人也置身于自然这个大的网络之中：天人相应，天人合一。

整体而言，中国的疆域能够维持至今聚而不散，有四个大的要素：第一，是天人合一的整体观念；第二，是内部疆域基本完整，自成格局；第三，是内部族群基本一致；第四，是精耕细作的农业生产，以及遍布全国的道路交通网。这四个因素使中国能保持长期的稳定，以及具备容纳、吸收、改变的文化特质——通常在改变发生以后，还能迅速恢复到安定状态。所以中国不怕"变"，就怕变了之后不能适应。所谓物极必反、盛极必衰、剥极必复，以及满招损、谦受益……说的都是变化，以及如何面对变化的道理。

这个就是中国的哲学。我们求安定，但我们不怕变化，而且愿意直面变化改造自身。所以，"定中有变，变中有安"，是中国历史发展的基本面貌。就如同百年来的近现代中国，衰极之后还是可以找到出路，一直发展到今天。

《易经》教我们"三易"：简易、变易、不易。"易"就是"改变"的意思；"不易"不是"不容易"，是"不改变"——这个世界唯一不改变的，就是经常在改变。上述四个固有的基本要素，使中国在面临挑战、危机时，内部调适具有相当的弹性，这就是中国和印度及西方很大的不同之处。

相较而言，印度社会是一拨一拨外来征服者进入，但并没有被消化——永远像一层层饼往上摊，最上层是晚到的征服者，压在最下面的是贱民阶层。时至今日，印度底层老百姓的生命还是很不值钱。西方文化则是游牧民族催生的文化，注重的是"征服"：欧洲的土地被割裂成若干块，常常要相互战斗、彼此吞并。所以欧洲的白人文化是不安定的，他们经常改变，习惯掠夺他者，但没有大片农业地区长期经营所产生的安定感。

第二讲 轴心时代的中国与世界

> 我希望每个人都能对自己持有信念和希望：人立足于天地之间，作为天、地、人"三才"之一，有其不可替代的位置和价值。从终极而言，人心必将回归天地之心。

这一讲，我们讨论"轴心时代"中国与西方的差别。所谓"轴心时代"，是由德国存在主义哲学家、精神病学家雅斯贝尔斯提出的一个概念；后来，英国宗教学者凯伦·阿姆斯特朗[1]进一步发挥，写出了《轴心时代：人类伟大思想传统的开端》一书。

"轴心时代"的起源及其现代意义

二战晚期，雅斯贝尔斯从德国海德堡到瑞士躲避战乱，也借此机会思考：为何人类世界有如此多不同的文化特色？他觉得每个文化圈都有其自身的特点——这就影响到在该文化圈里生活的民众，环境与文化在他们身上培育出一种"人的个

1.凯伦·阿姆斯特朗（Karen Armstrong，1944— ），英国当代最负盛名的文化、宗教学者之一，主张进行跨宗教对话，寻求不同宗教传统中的共性。

性",也就是文化特性,以及这个族群的集体性格。所以,他就挑了几个重要的"大文化圈"来做比较研究。所谓"大文化圈",其涵盖的族群不止一个,延续的时间相当长;而且,这些文化圈都比较强调抽象的意义、超越的意义。

比如我们在"导言"中所提到的"一神教",它强调的是神与人独特的关系;"多神教"则强调神与人之间的分工问题、善恶问题——善与恶之间,是谁能战胜谁,还是谁也克服不了谁?中国历史上,也有过"性善""性恶"的讨论。

雅斯贝尔斯假定,距今2200年至2800年,在世界几个大的文化圈,几乎同时出现了一些重要的人物。他们提出亘古常新的大问题——我们永远要研讨,永远要思考这些问题,诸如人与人的关系,人与自然的关系,人与过去、现在的关系,人与自己内心的关系……凡此,讨论的虽然都是哲学问题,但并非出于好奇,而是希求以思考、阐述哲学问题的方式,来寻找生命存在的意义。

这一阶段,各个文化圈尚处"少年时代",却已经对诸多问题做出"一锤定音"的方向性判断:那个时代的人关心什么事情,两千多年以后的今天,我们还是同样关心;而且还是以他们当年的思想,作为行为的标准、取舍的凭据。

所以,从那个时代的文化特点就能看见现代人的集体性格。同样,我们也能看到每个文化圈里的个人在自身发展壮大的过程中,是跳出原有文化圈走向兼容并包,还是在既有的文化圈之中，继续深入、加强自身的文化认同。这是轴心时代的文化对于现代人的意义。

雅斯贝尔斯研究"存在主义"（existentialism），但并不想做一种悬空的、理想主义的分析，而是从已有的状态去分析、研讨——已经存在的世界是如此，我们可以通过探索人类文明的根源，进而思考有没有改进的可能性。我们是不是在不同的时代，对同样的事物有不同的反应、不同的想法？这是他着重探讨的地方。

有关世界上不同族群的性格，以及几个大文化圈的比较，雅斯贝尔斯并非发起该类讨论的第一人。更早期的马克斯·韦伯[1]，就有不同文化区之间的比较研究：《新教伦理与资本主义精神》之后，他又陆续撰写了《中国的宗教：儒教与道教》《印度的宗教：印度教与佛教》《古犹太教》等系列著作。韦伯所选择的文化，其实与雅斯贝尔斯所选择的文化相当一致，都是从西往东排列："一神教"以古埃及的太阳神信仰为开端，影响到犹太教、基督教、伊斯兰教，其中基督教中又分出来东正教、天主教和后来的新教；再往东有印度教，以及在其基础上衍生出的佛教；中间还有一块地方是波斯，古波斯

---

1. 马克斯·韦伯（Max Weber，1864—1920），德国社会学家、政治学家、经济学家、哲学家，现代社会学与公共行政学的创始人之一，与马克思、涂尔干并列为现代社会学的三大奠基人，代表作有《新教伦理与资本主义精神》等。

的祆教[1]讨论的是善恶之间的关系——人究竟能不能始终保持"善"？还是说躲不开"恶"的因素？若是躲不开，能不能从这个问题中解脱？祆教所讨论的问题，也影响到佛教及以后的汉传佛教、藏传佛教[2]等等。

韦伯的几本书，所探讨的文化圈由西往东，最后要讨论的就是中国。韦伯假定在周代，中国建立了一个普世的"天下国家"，周人进而寻找这个国家的领导者的使命——大家要如何在这个大的文化圈里寻找和平、和谐，但同时也能发挥不同人群的个性？

韦伯的这种比较，被称为"宏观文化"（macroculture）的比较研究。此后，才是雅斯贝尔斯在二战时期对"轴心时代"的思考。雅斯贝尔斯之所以从德国逃到瑞士，是因为不齿于纳粹德国的侵略行为，他也不齿于苏联的极权主义。他认

---

1. 祆教，即"琐罗亚斯德教"，基督教诞生之前中东最有影响力的宗教，是古代波斯帝国的国教，也是摩尼教等中亚宗教之源，在中亚地区有广泛影响。北魏时传入中国，被称为祆教、拜火教。琐罗亚斯德教把世界表现为善神阿胡拉·玛兹达与恶神安格拉·曼纽之间的斗争，改变了原始的多神系统，使阿胡拉·玛兹达成为唯一的天神，其他从古代流传下来的神祇则成为天使。
2. 汉传佛教，亦称"北传佛教"，主要流传于中国、日本、朝鲜等地，以大乘佛教为主，内部又分为禅宗、净土宗、律宗、华严宗等宗派；藏传佛教，俗称"喇嘛教"，是佛教与西藏原有的本（苯）教长期相互影响和斗争的产物，其特征为大小乘兼容，显密双修，见行并重，且传承各异、仪轨复杂、像设繁多。

为：当时的苏联以推行马克思主义、社会主义为借口，表面上宣称要谋求人类共同的、永久的福祉，实际上还是发展了旧沙俄的帝国主义。

他也讲到当时的中国，他认为中国在二战的冲突之中，是最为积极应战的——中国并未主动挑起战争，而只是在被日本侵略后奋起反抗，力图挽回自己国家的生命，自己文化的生命。

他也将当时的美国与中国做比较。美国原本应当是各种文化交汇，不同族群互相学习之所在。但他认为"尽管美国是个多民族的移民国家，文化交融持续不断；但归根究底，美国还是基督教文化的一部分"。基督教文化有它和平的部分，也有其"独占"的部分，"一神信仰"就是独占的想法：神对我特别有恩赐。

韦伯特别说明基督教里面的"新教"，尤其是加尔文宗[1]，其教义认为人一生的好坏，上帝已经预先设定了——因为上帝是"全知全能的"，不需要经由祷告建立关系就能改善人类。上帝虽然也给人一定的"自主权"，但这所谓"自主

---

1. 加尔文宗，亦称"长老宗""归正宗""加尔文派"，是基督教新教三个原始宗派之一，泛指完全遵守约翰·加尔文"归正神学"及其"长老制"的改革派宗教团体。加尔文宗宣称"人因信仰得救"，《圣经》是信仰的唯一泉源；主张"上帝预定说"，认为人的得救与否，皆由上帝预定，与各人本身是否努力无关；实行"长老制"，主张由教徒推选长老与牧师共同治理教会。

权"依然是经由上帝预设的。当然，这种"命定论"在神学上有缺陷，但其中还有一层意思：若是你能体会到神"命定"的原意，进而由此出发寻求生命的改进，则又是一番自己能参与、改进的救赎。

将几大文化系统对比以后，韦伯觉得：如此一来，我们就可以经由理解过去来理解当前的世界局面，这也许更有助于我们理解未来。但是，在当下到未来之间，我们还是有充分的自主权，可以从其他的文化圈里学习、借鉴有用的因素。比如说存在"一神信仰"的文化区，就可以学习东方兼容并包的"人间理想"，而非"超神""超人"主宰的宇宙秩序——可以更强调神对人的盼望，人的精神方面的自由，以及个体生命依凭自心自主进步的空间。

所以，我特别提出"轴心时代"的文化特色，就是希望根据今天的世界格局，当前各个国家、地区的所作所为，来推论人类共同体未来的走向。但是，从过去推论未来之前，我们必须看到这些大文化圈本身最早的模式是何种面貌。也许我们可以从其中部分模式去推展、合并，或者从文化上对其加以修正，直至将来发展出全人类共同的文化价值。在此共同文化之中，彼此取长补短，大家互敬互重，如此或可有一个和平舒畅的"新世界"出现。这不是理想主义，而是从已有的基础上改进、修正、提升。

有一个法国神父叫德日进[1]，还是位古生物学家，他曾在中国研究脊椎动物，重点研究北京猿人的演化过程在人类演化史上的地位，也讨论了人类在生物演化过程中的地位——人与上帝之间，究竟有多远的距离？上帝是允许、盼望我们提升，还是他已经固定下来一个局面？关于这些思考，他写下了《人的现象》。这本著作所讨论的问题，已经脱离了传统的"进化论"，也脱离了天主教的教义。所以天主教不让他传教、讲道，不许他与别人讨论这类教廷认为"离经叛道"的想法。

德日进的想法，其实只是从雅斯贝尔斯的想法往前推进了一步。在《人的现象》里他认为：人类是从 α 这个起点，走到 Ω 这个终点；而中间的这段路程，实际上是神给我们的选择。神给我们许多可能性：当中的每一步，我们只需要自己支持自己走，一直走到最后；当到达终点 Ω 的时候，再回头一看，我们人的命运从起点 α 已经被上帝规划好了；至于能不能走到这个预设的终点，还要依靠自己的意志，依靠自己的修行。

说实话，我并不只是希望帮助大家理解今天的世界，我也盼望大家能够从古代文明长期演化的过程之中，看见错误，也看见希望。

1.德日进，原名泰亚尔·德·夏尔丹（Pierre Teilhard de Chardin, 1881—1955），法国哲学家、神学家、古生物学家，在中国工作多年，是中国旧石器时代考古学的开拓者和奠基人之一。

两河流域:"人类文明的摇篮"

我们先从两河流域[1]开始,因为从考古学来看,两河流域和中国几乎是最早形成的两大文明系统。虽然两河流域涵盖的地理范围不大,可它影响到整个西方的后世文明,甚至有部分因素影响到印度。中国则独自发展了一套文明系统,后来又接纳了不少外来因素,例如佛教等。

两河流域的新石器时代,始于距今约一万年前,和中国几乎同时。这是一个很狭小的平原,在今天的伊拉克地区,发展了中东最古老的农业文化和城市——当然,城邦出现较晚。在此基础上,两河流域文明的影响,后来扩大到包括今天的伊朗、阿富汗、阿拉伯世界,以及地中海东部部分国家。

迄今发现的人类文明中,两河流域是农业起源最早的地区。而最能彰显这一地区特色的,是因其特定地理条件而产生的信仰观念。两河流域北面是高山,南面是沙漠,中间两条河平行流动的地区其实也不大,其面积大概相当于中国的淮河流

1.两河流域,又称"美索不达米亚",意为两河之间的土地,"两河"指幼发拉底河与底格里斯河。美索不达米亚文明始于公元前5000年,是已知最早用文字记录思想与文学的文明,在农业、造船、纺织、宇宙学、占星术、宗教、科学、医学、哲学、伦理学、图书馆等方面成就卓越,被称为"人类文明的摇篮"。

域所涵盖的江苏北部、安徽及河南的一部分。

横亘于两河流域北部到东北部的山脉，挡住了来自北方的寒风；如此地形，也使得南方产生较为湿润的水汽——这种以山脉为界，北干南湿的气候，就形成几个很强烈的对比：山地与沙漠的对比，山地与平原的对比，干燥和湿润的对比，陆地和海洋的对比——因为幼发拉底河与底格里斯河顺流而下就是波斯湾，波斯湾出去就是印度洋。山区—沙漠—绿洲—河流—海洋，这一地区的气候与环境非常多样。

沙漠地区冬天酷寒，夏天极热，在冬天死亡的生命，到春天会重新活过来。所以，两河流域的不同季节也形成强烈的对比：生命和死亡，润泽与干枯。从绿野一片到黄沙满地，风暴吹来吹去，可人还得在此间过日子。

冬天酷寒时，人们躲在洞穴或房子里，野兽也藏身于巢穴中。等到春天来了，人们走到户外，完成从黑暗到光明的轮回。这种生存环境的"两极对照"，使生活在两河流域的苏美尔人，将光明的东西，也就是我们触目所及的太阳、月亮、星星，视为圣物。

我们可以想象，在那片广大又干旱的地区，抬起头来没有树林遮挡，一片晴空，朗月高悬，群星闪耀。这些情形我们当然都能看见，但与中国人在树木围绕的环境中所感受到的，完全不一样。所以，苏美尔人的楔形文字中，就有天上的月亮。尤其在夏日的夜晚，白天的酷热已经过去，一轮明月伴着闪烁的群星，给人们带来皎洁而又令人舒适的清辉。苏美尔人的日常生活，受季节轮转、日夜更替的影响非常大。这使他们对生命与死亡的更替，感受尤为深刻，他们的观念也呈现出"二元冲突的轮转"：从"好"转向"坏"，又从"坏"轮转到"好"。如此轮转，既是时间上的季节、昼夜更替，也是形象上好、坏的转变，还存在地理空间上的转变。

两河流域的神话中，讲得最多的就是春天的温暖。春天来了，春之女神还被监禁在洞穴之中。英俊的男性就在外面打好天下，以迎接他的女神。春之女神代表着生殖力，意味着春天到来，人间有了生气，有食物的来源，小孩子一个个出生，大地呈现一幅生机勃勃的景象。所以，从黑暗之中解救、释放出生命，是两河文明又一重大主题。这一主题成为苏美尔人的世界中很重要的因素，也牵涉到两河流域文明后续的发展过程。

在新石器时代，两河流域形成社区，构成一群村落，然后发展为一个个城邦——城邦实际上是区域性的贸易中心。这片区域缺乏很多物资，诸如木材、金属、盐……苏美尔人也没有橄榄油、葡萄酒，如此种种，都要从外面输入。因此，他们要进行远程贸易，要到地中海、红海乃至印度洋，或绕到黑海边上，才能取得这些生活所需的物资。远程贸易并非易事，需要队商或有力量的部落酋长组织；这些运来的商品在商栈存储、售卖，而商栈慢慢就发展为城市。所以，两河流域早期的城市，事实上是一个个"都邑城市"，与中国考古学上所说的大群村落完全是两副面貌。

许多村落，围绕一个大的商业中心分布、发展，形成城邦的组织结构：统治阶层（如国王、祭司、贵族）都在城市里居住，庙宇、商栈也在城内，老百姓则住在城外。所以，每个城邦就变成独立的经济、政治、社会单位，也有其守护神。

天上群星灿烂，地下的城邦星罗棋布。人们将二者关联起来，选定某一颗星星作为自己城邦的守护神，并赋予其特定的性别、性格，编织了许多传说、神话。这种传说、神话所反映的众神间的关系，实际上是城邦之间关系的抽象化描述。这两套结构，要配合在一起来理解。

这种由许多城邦的守护神组成的神界，来自一个"原水妈妈"。"原水"就是最原始的水——水是万物之母，所有生命的起源，都与流体有关。所以，"原水"就变成一切生命包括众神的来源。每个妈妈都了解生命对于水的依赖——胎儿是泡在羊水里面发育的，出生后也需要靠吸食母乳慢慢成长。

自然环境中有甘甜的泉水，两河流域的先民称之为"善水"；然而，也有苦涩的海水，这种高盐度的水是不能孕育生命的，所以他们将其视为"恶水"。如果打到一口碱水井，就没什么用处。所以，从"善水"中生出一大批"善神"，被派到天上去，群星闪耀、映照人间；同时，从"恶水"中生出一大批恶神，代表灾难、死亡、疾病等等。上述两种神，都源于

第二讲　轴心时代的中国与世界

同一个"原水妈妈"。这就构成了他们的神话之中很奇怪的现象：从同一个来源，分化出善恶、好坏，合法的权威与非法的魔鬼。

这个过程很长，有城邦就有众神，有众神就很难统一。随着经济往来增多，城邦之间不断爆发武力冲突，互相兼并，后来从两河流域那个小的平原上，诞生了一个大的国家巴比伦[1]，巴比伦是其中一个城邦的名字。如此众多的神，该如何安置？既然是同一个母亲所生，那么诸神就在天上开会，以决定人间的事情。等到诸多城邦合并成一个巴比伦王国时，局面就稳定了。巴比伦城是首都，所以这个城市的守护神马尔杜克[2]应当居众神之首。

如前所说，除了在天上守护城邦的善神，地上还有许多代表瘟疫等灾害的恶神。天上的善神组成了联盟，地上的恶神也结合在一起，二者互相斗争。到后来，有个神叫马尔杜克——很像中国故事里的白袍小将薛仁贵，这位"小将"蹦出来说："哥哥、姐姐、叔叔、伯伯、阿姨，请你们让我去打头

---

1. 巴比伦，即"古巴比伦王国"（约公元前1894年—约公元前1595年），位于美索不达米亚平原，是"四大文明古国"之一。原本是一个阿卡德人的城市。历史可以追溯到约4300年前的阿卡德王国。
2. 马尔杜克（Marduk），阿卡德语名，源自古美索不达米亚，是巴比伦城的守护神、主神和巴比伦尼亚的国神。最开始是雷暴之神，传说中他制服了造成原始混乱局面的怪物提阿玛特之后，成为众神之首。马尔杜克居于巴比伦城的埃萨吉拉神庙。

阵，但是我年纪小、法力不够，你们每个人送我一声祝福，这声祝福就是我的武器。"他随身带了一个大皮包，里面有许多可以抵抗恶神的武器。凭着这种力量，小将打败了恶神，将其永远锁在海洋深处。从此，善恶二元的对立变成一元——善神胜利，恶神失败。

这个故事出现得相当早，在公元前十四五世纪。但是在巴比伦屡遭外敌入侵，中东变为局势相当复杂的地区以后，马尔杜克就变成了宇宙之主、众神之王，有赦免之权、惩罚之权。

可是在这时候，这一"大神"的观念，在沙漠地带已经流行。沙漠地带的规则很简单：胜者为王。所以沙漠里面的风暴之神伊什库尔（Ishkur），就变成了沙漠里面的众神之主。于是两河流域的信仰又回到了二元格局：沙漠里面的战斗部落与农耕地区截然不同，他们的众神之主就是一个战斗神。

古埃及文明与"一神信仰"的诞生

埃及是世界上最古老的统一的国家，基本上是由黑人建立的——今天埃及的百姓，仍有许多是黑人。尼罗河的上游非常长，中游经过高山、溪谷、瀑布，一路流下来，在下游泻落到平原上，这片冲积平原是埃及文明的主要发源地。因为有尼罗河，埃及不仅气候温暖，水源还有保障；两边两条山形成一个避风港，也使两侧的沙漠都没有办法侵入。所以，这个地方曾是人间乐土。

沿着尼罗河，古埃及人建立了许多小城邦。埃及人的神与两河流域的相当不同：鳄鱼的身体、人的头，这是一个神；人的身体、鳄鱼的头，是另外一个神。每个城邦都有如此人兽混合的怪物，作为守护神。每一个守护神都有自己的神庙，城市里有一批祭司依靠神庙权威，维持城市内部信仰、思想的一致性。

这其中有一座神庙，位于靠近海口的大城市，即今天的亚历山大与开罗之间。这座庙宇所供奉的大神，其权威高于所有其他神。理由也很简单，所有对外贸易的物资均要靠港口进出，而这个港口掌握着古埃及王国的命脉，所以该神庙的祭司也能指挥其他神庙的祭司。

这种局面一直持续到埃及新王国[1]时代——这是埃及历史上最为兴盛的时期，曾经几乎吞并大部分中东地区，直到被赫梯帝国赶回来。埃及兴盛时征伐各处，将当地的部落民抓回去

---

1. 新王国，约在公元前16—前11世纪，包括第18—20王朝，首都底比斯，崇拜阿蒙神，曾发生埃赫那顿（Akhenaton，即阿蒙霍特普四世）宗教改革，此一时期埃及文明达到很高的程度。

做奴隶，为他们兴修水利、建金字塔，这是当时世界上规模最大的劳工群体。

这些被抓捕回来的人永世为奴，吃不好、穿不好，加之要从事繁重的体力劳动，死亡率很高。其中有一批奴隶，就是被抓回来的犹太人。这批犹太人聚居的地方，就在今日的以色列，其疆域最大时，一直到今天的叙利亚、黎巴嫩。

埃及一神信仰与犹太教、基督教的诞生

公元前14世纪，埃及处于新王国时代。至今我们都无法确切地知道，为何第十八王朝的法老埃赫那顿当政以后，居然改革了太阳神祭祀，宣称自己是太阳神转世：太阳神不再是守护埃及各处疆土的诸神的领袖，而转为生命的源头，成为无私的、超越的力量。

天上只有一个太阳，所以太阳神也只能有一个，这就使埃及出现了一神信仰。原本作为众神之首的上神，就此转变成"独一真神"。受其影响，犹太教也诞生了一神信仰，其后又发展出基督教、天主教、伊斯兰教等一系列的一神信仰。而主持埃及这次宗教改革的法老王，则声称自己是太阳神在人间的

代言人——人间的王也代表天上的王。他宣称世间有许多不平之事,此后要由法老自己开始,体念那个独一真神对万物万民无所偏倚的照顾和公平。他甚至宣称,自己的"真身"是太阳神"阿顿"[1],过去的太阳神则是"阿蒙"[2]。新太阳神确立以后,旧祭司的权力也就丧失了。

新太阳神的形象是一条光线,光线的尾端有一只小手,手里拿着的,有时候是一片面包,有时候是水或无果花——神将其赐给世间万物食用。这个世界上,第一次出现了一神教,其所主张的"天下平等",是很了不起的理想。

这一新的信仰在埃及并没有维持太久,因为它得罪了尼罗河畔众多城邦的祭司们。那些祭司彼此独立,每个祭司都有各自所信奉的神明,并借此来掌管各自的城市。信奉唯一的太阳神,也就意味着他们的特权被剥夺。埃赫那顿死后,他的儿子图坦卡蒙即位,但新的法老王迫于祭司们的压力,终止了其父的宗教改革。最近,埃赫那顿在沙漠里的居住点被发掘出来,是一个没有屋顶的宫殿,可以直接接受阳光——那里常年不下雨。虽然改革被废止,但埃赫那顿推行的宗教信仰,在尼

---

1. 阿顿(Aton),古埃及神话中太阳神之一,被认为是宇宙的创造者。埃及法老埃赫那顿将阿顿神引入埃及宗教,并借此开展崇拜唯一阿顿神的一神教宗教改革。
2. 阿蒙(Amon),古埃及神祇,原为底比斯守护神。当底比斯成为全埃及的都城后,他便成为埃及新王国时期的"国神"和新的太阳神。

罗河流域被许多受压迫的百姓接受。

如前所述，这时的埃及国力强盛，将从各处掳来的人民降为奴隶，从事种种劳作：筑堤岸、开水沟，以及修建金字塔。雄伟的金字塔，大大小小几十座，每一块石头都要从几十里外的山头采运到沙漠之中。这需要多大的劳力，其过程又是何等艰困？

在新的阿顿信仰之中，太阳神是众人共同的神，这独一的大神给人阳光、食物、温暖，给一切生命以希望。于是，这一新信仰在奴隶群中传播开来。当时的犹太人，被拉到埃及去做奴隶的有好几万。这里面有一个以色列犹太人的子孙，他就是摩西[1]。

据说摩西还是婴儿的时候，睡在篮子里顺水漂到埃及皇宫内院的小溪流里，正好被在旁边玩水的公主看见，于是被收养——其实，也有可能是公主自己怀了孕，用这个编出来的故事掩盖实情。为了确保血统的"纯正"，古埃及皇室近亲通婚很普遍，姐弟通婚乃至母子通婚的情况都不少见。

如此一来，摩西莫名其妙成为古埃及皇室的孩子。他很聪明，所受的教育也很好，学了很多东西。他虽是贵族，却来路不明。有一天，他忽然发现这些犹太奴隶与自己的长相太像

---

1. 摩西（mōsheh），犹太教创始人，传说中他受上帝之命，率领被奴役的犹太人逃离古埃及，到达一块富饶之地：迦南。在摩西的引领下，古犹太人学会遵守"十诫"，成为人类历史上首个尊奉一神宗教的民族。

了。他就开始跟随犹太人学习他们的语言，慢慢地，他变成了犹太人的代理人。在埃及王宫里，他也成为祭司，由此获得了权力。

他一方面是犹太人，同情做奴隶的犹太人之命运；另一方面，他又借助贵族的身份做其他事情，比如前往各处游说犹太人听他讲道。他就将这一神信仰在犹太人中间尽力推广。终于有一天，摩西对犹太人说："上帝给我启示，让我带着你们走。"他带领十二个部落离开埃及，这就是《出埃及记》[1]的故事。今天的犹太学者考证他们的祖先，发现其实这十二个部落里有很多族群的奴隶，这相当于奴隶造反。

犹太人的逾越节，有吃干面包（未发酵的面包）的习俗，这是因为犹太人离开埃及的时候，来不及发面，就将面团烤成干面包随身携带。同时，参与叛乱的犹太奴隶，在外墙或门上涂血；奴隶军出发时，将有这些特殊标记的家庭的男孩带出来——没有涂血的则是埃及人的家庭，奴隶军会进去将他们的男孩全杀掉。其实，这是人类历史上非常残忍的恐怖活动。

这十二个部落的奴隶，先在西奈山底下流浪了四十年。

1.《出埃及记》，"摩西五经"的第二卷，传统学者认为本书的作者就是摩西本人。讲述以色列人在耶和华（上帝）的引领下离开埃及、不再为奴的故事。这段路程由以色列人的先知摩西带领，目的是通过荒野到达西奈山，最后前往耶和华应许他们的国度——迦南地。在西奈山耶和华颁布诫命、典章、律法。

后来摩西跟着一团火走到西奈山顶，见到了上帝。这团火就在一群干枯的荆棘上燃烧——其实沙漠里干燥到一定程度，荆棘起火是常有的现象。

在山顶，上帝对摩西说："我是耶和华，是你们的神。是我将你们从埃及带出来，摆脱了奴隶的身份。唯独你，可以亲近我耶和华。你回去告诉天下人，只有一个神，只能崇拜这个神，就是我。"这就是将古埃及阿顿的一神信仰，转为犹太教的一神信仰。

这场宗教革命非同小可，后又发展出基督教、伊斯兰教两个宗教，基督教内部又分化出天主教等教派。我之所以特别说这个问题，是因为发端于古埃及的一神信仰，一直影响到今天的世界秩序。一神教是独占性的，"眼里揉不得沙子"。

《旧约》记载，摩西在山上不吃不喝与上帝共处了四十日。上帝对摩西说："你上山到我这里来，住在这里，我要将石版并我所写的律法和诫命赐给你，使你可以教训百姓。"因为见了上帝，摩西下山后面皮发光，令众人感到恐惧。他宣布了神给予的"十诫"：你是神的孩子，你只能相信这个唯一真神；下面还有不许杀人、不许奸淫、不许偷盗等戒律。他让所有族人宣誓，遵守这些戒律。从此以后，犹太男孩生下来就要受割礼——如此，才受神的庇护。

摩西他们在沙漠中生活了四十年，没有粮食吃的时候，天上降下来一种白色的像面包块一样的东西——我认为是沙漠菌类。终于，他们回到了当年的圣城底下，建立了第一座神殿。但是，犹太人此后并未过上太平日子，因为亚述帝国[1]出现了，近三万犹太居民成为俘虏。罗马帝国统治时期，绝大多数犹太人被迫迁移他处。从此以后很长一段时间内，犹太人都没有国家了。

在巴比伦被亚述帝国占领以后，巴比伦城邦的守护神马尔杜克，也成为巴比伦流亡者们的唯一信仰：他能够抵抗坏神、邪神的影响，给人们以希望、救赎。沦为奴隶的巴比伦人在新巴比伦城底下悲叹故国，与犹太人在耶路撒冷哭泣一样，他们都是被压迫、被欺侮的民族，也都信仰了独一真神。

耶稣是一个穷困木匠的孩子，他接受了唯一真神的信仰。他说："我们今天的世界是暂时的，神的世界是永远的，相信独一真神的人必能得救，神在帮你。"这一信仰，是犹太人在受奴役之中的精神依靠，也传播到罗马帝国许多城市，尤其在那些穷而无告者之间盛行。

当年耶稣传教时，认识了保罗[2]。保罗出身于犹太富贵人家，接受过很好的希腊教育。早年他曾迫害过基督徒，后来成

1.亚述帝国，兴起于美索不达米亚平原，在两河流域频繁活动前后约两千年。失去霸主地位后，亚述人不再有独立的国家。
2.保罗（Paulos），又称"圣保罗"，原名"扫罗"，最初迫害基督徒，后来在大马士革被耶稣点化，成为一名坚定的传道者，对世人不断地解说"耶稣就是基督"。

为一名坚定的基督徒和传道者。忽然,他的眼睛瞎了三天,在此期间得到神启:神可以挽救所有的人,只要你愿意进入他的国度。保罗在希腊的城市之中,接纳收容了许多基督徒。

因为犹太人在各地做买卖,犹太社区就成为孕育基督教的基地,这使《圣经》记载的内容一天天充实起来。《圣经》的《新约》部分,都是耶稣的徒弟或徒孙所写。其中有希腊文化的影响,还收录有彼得[1]的书信、保罗的书信——连这些书信内容,都是从希腊城邦和罗马的都市之中传递过来的消息。《新约》补充了《旧约》之中缺失的许多神学讨论,这些记载充实了基督教思想。

罗马人以及犹太祭司们认为耶稣要复国,所以将其处死。而后,耶稣成为"复活"的象征——死神可以被征服,真神不能被代替。

基督教还将希腊罗马时代主张洁身自好、修身安己的斯多葛主义吸收,变为教义的一部分。这一学说与中国的儒家信仰非常接近,它注重人的自我整顿,将自己心中最善的部分拿出来,变成约束自身的规范。基督教信仰的来源如此之复杂,正好为罗马帝国内无数穷而无告的奴隶、当兵的部落

1.彼得(Petros),耶稣十二门徒中的大弟子,曾记录耶稣的事迹。在耶稣受难之后,彼得前往罗马传道,被罗马人逮捕钉死在十字架上。他的笔记则被门徒收藏,命名为《彼得前书》和《彼得后书》,是最早的《新约》的一部分。

民，提供了精神上安顿的地方。基督教教义告诉他们：人间遭受的苦难没有意义，唯有信仰独一真神基督，蒙受神恩，生命才能得到救赎。

后来，罗马帝国也形成了一个由基督教教廷统治的神权社会。西罗马帝国第一个主教，据说是耶稣的徒弟彼得。彼得带领许多流亡的犹太人，于黑夜之中，在罗马城的地下坟场讲道、祈祷，帮他们渡过难关。所以，这段经历就给予犹太人特殊的精神力量，进而转变为基督教的精神力量。

一神信仰给予其信众极强大的动力：他们认为自己是唯一被神拣选的人，神一直在庇护他们。类似的情形，在其他文化中也存在。比如成吉思汗，他自命为"长生天"在人间的化身。他认为自己受神的庇护、保佑、护持。日本天皇，也宣称自己是上天唯一的子孙。这种一神信仰，给了许多战斗民族一个侵略他者的借口。当然，此类运动中规模最大的莫过于当今世界欧洲民族与部分中东民族的冲突。除了基督教与伊斯兰教的冲突，基督教本身内部又存在新教与旧教之间的冲突，东正教与罗马公教（即天主教）的冲突，这几个冲突都是无法化解的。

这个宗教有其好处，它宣扬博爱、无私，许诺未来——让你更为平静地经历苦难，等精神得到解脱时你就自由了，你就回归到上帝那里。耶稣复活的故事与这个承诺，与巴比伦主神米罗达的复活一样——春天必定代替严冬，希望必定代替失望、悲伤、痛苦。

中世纪，欧洲长时间处于神圣罗马帝国教廷的约束之下。等到伊斯兰教兴起，抗衡基督教时，以阿拉伯语、希腊语写就的古典文献回到欧洲。此后，欧洲人才明白真正的心灵世界、思想领域，竟有如此丰富的哲学、数学、原始科学。这就是欧洲的"文艺复兴"。从此，人们不再相信教皇的绝对权威，他们重新改造基督教，创造出"新教"。

新教的教义，准许信众以正当的手段追求财富、名誉上的成功。这就给了欧洲人向外扩张的动机：神给予其信众特别的恩赐，允许他们获得如此多特殊的成就，因为他们是神的子民。这就给了欧洲白人一个征服世界的理由：我们是神的选民，你们是异教徒；异教徒不值得被救，他们甚至不能算真正的人；唯有重新选择、皈依基督教，皈依我们，才有人的资格与身份。

这种新教义，对欧洲有三个方面的影响：第一，发展了重商主义，开拓了世界市场，使其生产的货品遍及世界；第二，推动了对自然的探索，促进了科学的发展；第三，提倡了思想的自由，也就是追求人的自由、平等与尊严。这三个方面放在一起——理性的思考，科学的探索，自由民主的追寻，加上对于成功的信仰，背后都是有规律的、有目的的神的信仰在支撑。这是白人在全球扩张时所持有的一个特殊理由与借口，有其特殊的命意。

我们要理解今天，理解十六世纪以来五百年的历程，不能不回溯到基督教怎么成立，又如何代替罗马人的宗教；教权如何代替欧洲的王权，进而发展出"白人优越论"，以及白人利用财富、武力去探险扩张的决心和勇气等问题。

时至今日，全球大约三分之二的人口，还笼罩在上述一神信仰之下。这也使近三百年来白人所主导的世界，接二连三地发生争夺霸权的战争，至今还不能形成相互融合、兼容并包的局面。

罗马帝国的兴亡及其信仰演变

罗马是希腊城邦边缘的殖民者在意大利半岛建立的国家：它的一切都抄袭希腊，例如守护神，城邦自治制度，等等。可是，罗马的自治制度本身并不健全，是由几个大族（尤其是武人大族）执掌政权或兵权的，这使整个罗马的制度，实际上是"寡头政治"。可是，这一"寡头政治"演变到一定程度，成立了元老院（也就是参议院），设立了管理罗马城的行政单位，发展为领土国家的雏形。和当年的希腊城邦不同，罗马城邦演化为小型领土国家之后，存在两种等级：一种是罗马城的公民,另一种则是城外面的农夫、被雇佣者或渔夫。而许多在城外居住的人,或从城外搬入城内居住的民众,其实都没有罗马城邦的公民身份。

罗马的神话,整体而言是将希腊神话中的城邦守护神借用,建立一个"神廷";然后,设立了一个主神朱庇特[1]统领诸神。也就是说,当罗马城邦演变为罗马帝国,这个国家的保护者就转变为众神之首。

希腊、罗马神话之中,人神混杂,关系很莫名其妙。许多男神、女神荒淫无耻,其婚姻关系乱七八糟,也没有道德观念,崇尚阴谋诡计和绝对的力量。如此设计,等于将人类社会的形象和关系,反映在神界。也就说明,罗马的诸神信仰,本身没有崇高的道德理想或追求真理的终极理想,也不注重人性的提升——这不是一个超越性的神系,它带有巫术性,可以有诅咒的力量、保佑的力量,超越人类也超越自然。

罗马城逐渐扩大,罗马公民带领城外的农夫组成兵团,兵锋四出。征服之地,罗马兵团领袖成为总督;进而,这些地区演变为一个个藩属国,罗马帝国的秩序由此确立。这套秩序,与近代美国主导的世界秩序甚为接近。美国也是从殖民地,发展为新大陆上的强国,进而在两次世界大战中,确立自己的霸主地位。从此以后,欧洲及东亚的大多数国家逐渐沦为

---

[1] 朱庇特(Jove),罗马神话里统领神域和凡间的众神之王,是罗马十二主神之首,对应希腊神话中的宙斯。

从属地位。及至《北大西洋公约》签订，欧洲彻底沦为美国的附庸；二战结束后，美国占领了日本、韩国，时至今日这两个国家还等于美国的附庸。

罗马城的结构，没有神圣的、超越性的理论基础；罗马文化本身，也不存在对于理性、道德的追求，缺乏追求自然秩序的热忱。

那些远征四方，然后留在当地镇守的罗马人，一批批出去，却不再回来。与此同时，东北方的斯拉夫人一批批被征服，进入罗马帝国做奴隶。等到罗马兵员不足，这些奴隶被升格为农夫，进而作为士兵外派；大量北非的白人居民，也逐渐被吸纳为罗马兵员。如此这般，一方面罗马成为真正的大帝国，由中央发号施令，四处剥削、掠取当地的资源贡献给罗马城；另一方面，罗马城成为当时欧洲的中心，可其核心是空的。

中世纪以前的欧洲，有过一次"蛮族入侵"。几乎与此同时，中国发生了"五胡乱华"，草原民族也占领了北方。大量的蛮族从东欧以及地中海边缘，进入伊比利亚半岛等地。从北面进入波罗的海的蛮族，就是后世所谓"维京人"[1]。这些蛮族以白种人为主体，原本依靠游牧掠夺为生。他们的发源地

---

[1] 维京人（古挪威语víkingar），8世纪到11世纪一直侵扰欧洲沿海和不列颠群岛，足迹遍及欧洲大陆乃至北极的广阔疆域。欧洲这一时期被称为"维京时期"(Viking Age)。

在高加索山下，那里盛产好马，也孕育强悍的骑士。一批批骑士骑着良马，四处冲突，占领新的地方，如此的冲击持续达两百年之久。后来，这些蛮族部落民成为罗马军人，部落首长则变成将军。等到罗马帝国行将崩溃时，中央政令不能传达四方，这些已经转变为罗马战士的蛮族兵团，凭借其军事实力，以维持帝国的名义，一跃而成为影响罗马最重要的因素。

此时，有一个罗马帝国皇帝叫君士坦丁[1]。他忽然发现，罗马的军人从将军到士兵都在信奉一种新的宗教：基督教。他大吃一惊道："我必须信基督教，否则这些人不能忠于我。"如此这般，流行于雅利安人[2]部落之中的基督教信仰正式为罗马所接受，基督教成为罗马帝国国教，并最终成为欧洲的主要宗教。

1.君士坦丁（Flavius Valerius Constantinus, 280—337），史称"君士坦丁一世"或"君士坦丁大帝"，306年至337年在位。
2.雅利安人，原是俄罗斯乌拉尔山脉南部草原上一个古老的游牧民族，后迁移至中亚的阿姆河和锡尔河之间的平原，被称为雅利安-旁遮普人。大约在公元前14世纪，其中一支进入南亚次大陆西北部，这就是印度古文献中提及的雅利安人。他们往南驱逐古达罗毗荼人，创造吠陀文明，建立了种姓制度。

古代波斯文明与祆教信仰

古波斯的主要领土，就在今日伊朗。伊朗与伊拉克等国接壤，临近里海与波斯湾，是中东大国。伊朗人是中亚和西亚白人，与欧洲白人很不一样。这片区域没有受到一神教影响，而是从当年两河流域的"二元论"，发展出一个琐罗亚斯德教，在中国被称为祆教。祆教中善恶对立的两个神，持续不断地斗争，但二者起源于同一个地方。最终，善神阿胡拉终于赢了——先是善恶不分，后来是善恶斗争，然后善得胜，这是时间上的阶段性。

祆教强调克服人心中的贪念、恶念，克服之后，你就能变成善人。他们认为，人生的意义就是替阿胡拉打赢这场善恶之间的战争。

祆教认为光明、春天、山洞外是好的，黑暗、冬天、山洞里是坏的，这套二元对立的系统对基督教也有影响：上帝创造天地，那为何会有如此多的坏神呢？为何会有撒旦？基督教义的解释是：撒旦本为天使，是上帝的左右手，但因为自己的贪欲——贪恋地位、名声、影响力以及神力，就挑战了自己的主人上帝。上帝接受他的挑战，并告诉他：我让你继续存在，因为有你的挑战，我才有机会彰显信仰我的好处，忠于我的信徒最终会得胜。

秦汉之际，祆教传入今日中国新疆地区，影响也甚为深远。当时居住在这一带的，主要是亚洲系白人，也就是今天维吾尔族、哈萨克族等族群的祖先。这块区域离伊朗很近，有条狭长的瓦罕走廊通往阿富汗。这里的罗布泊是很好的水源地，天山山脉下来的雪水灌溉之下，天山南北麓自然条件都很好。

高加索山底下，是育养马匹最古老的地方。公元前4000年左右，马匹被驯服用来驮木板，上面再放置包裹、粮食等，以便牧人四处移动，这使游牧族群的活动范围大了很多。后来人类发明了轮子，又从骑马发展到使用马车。所以，高加索山底下孕育出来的这一批骑马民族，是第一批扰乱世界的因素。因为骑马使他们的移动速度大为提升，他们中的一批进入黑海沿岸，一批往东进入今日中国新疆和俄罗斯南部，还有一批向南、向西进入中东和欧洲。

后来从祆教中还发展出密特拉教[1]这一支派，密特拉教所信奉的也是善恶二元的斗争——善最开始几乎全被打败，但最终还是取得胜利；胜利之后就能得到永生、解脱，这就是"复活"的意思，和基督教的"复活"相当接近。密特拉教在

1.密特拉教，古代的秘密宗教，盛行于公元前1世纪到公元5世纪；主要崇拜密特拉神，密特拉神是史前文明社会雅利安人曾信拜的神，象征着太阳，被敬拜为太阳神。密特拉（Mitra）原意是"契约"，因此密特拉神也被视为"契约之神"。此教只接受男性入教。

东方流传,也影响到佛教之中的"解脱涅槃"观念。后世的白莲教[1],就是宋朝在佛教净土宗基础上发展出来的。

秦汉以来,中国在这个天下国家体制之下,不断征服、容纳、吸收外来文化的种种因素,但始终没有"非我不可"的一神信仰。

除了中国以外,世界上其他地区的信仰都指向了神,而且大多数受到"一神教"直接或间接的影响——要么就是很严酷的一神教,要么就是由一神教变成二元斗争的宗教,斗争到最后一定有个胜利者。

佛教的净土宗,认为虚无缥缈的西方有个"净土",是念佛有成就的人死后往生的去处。张艺谋的电影作品《红高粱》,里头那孩子念的就是这个意思:"娘,娘,上西南。宽宽的大路,长长的宝船。娘,娘,上西南,溜溜的骏马,足足的盘缠。娘,娘,上西南,你甜处安身,你苦处化钱。"这里的"西南"就是净土之所在,"甜处",就是永恒的平安喜乐之处。

众所周知,佛教对中国的影响深厚而长远。而佛教起源

---

1. 白莲教,北宋时期净土念佛结社盛行,多称"白莲社"或"莲社"。南宋绍兴年间,吴郡昆山僧人茅子元在流行的净土结社的基础上创建白莲宗,即白莲教。其教义与净土宗大致相同,崇奉阿弥陀佛,要求信徒念佛持戒——不杀生、不偷盗、不邪淫、不妄语、不饮酒,以期往生西方净土。

于古印度。印度这个国家后来的征服者，永远处于社会最上层；每次新进入的征服者，就将原来的上层压下去，最底下就是今天的"贱民"。古印度的阶级，其实不止四层。从上面的叙述可知，其出现的后果，一定是层层堆积，而最下面的"贱民"，几乎就不是人了。

释迦牟尼与孔子差不多处于同一时代，他是一个小国的王子。偶然见过人间"生、老、病、死"的疾苦之后，他抛弃了华贵的生活，变成乞丐，以乞讨为生，救济穷人，帮助穷人，他替世界受罪。他也曾经历过长时间的出世修行，托钵化缘。今日的缅甸、泰国乃至云南部分少数民族都要供奉和尚，就是这一传统的延续。

中国的轴心时代：向内心求安顿

中国的轴心时代，大约就是孔子所生活的时代。列国的许多读书人挟着周公的名义，提出治国平天下、安顿自己的理想，孔子是其中之一。不过孔子所提出的主张，主要并非治国、理财、强兵、称霸，而是盼望人人都能整顿自己、安定自己，从内在的安顿求得身心的平衡。一个人安顿了自己，四周

第二讲　轴心时代的中国与世界

之人受到感召、启发，也会逐渐得到安顿。由个人到家庭，由家庭到亲族、社会乃至国家，当全世界的人类都能自己安顿自己的时候，世间就没有纷争，只有共享；没有独占独得，只有互助。人的小我与大的世界，如此即可以相合为一。

在汉代，儒家又吸收了道家信仰。道家的观念认为：人生的得失成败无非"虚象"，宇宙本来也是"虚象"。"虚象"后面是个"真空"，能识得这个"真空"就不在乎得失。与儒家对外在世界的进取相比，道家可以说更侧重内心的安定，而二者相合，构成了中国人安定外在世界和内在自心的两个面向。当然，儒家也讲"修己安人"：个体有教化他人、引人向善的责任；推而广之，最终就能使社会得到安顿，国家得到安顿，天下得到安顿。这是围绕着人的反省，围绕着人对自身信念的整顿和清理，它包含着人对自身和他人人性尊严的体认。因为人性与天性是合一的，也就意味着人性包含了无限可能。

这种"天人合一"的信仰，在汉朝被董仲舒系统地总结、阐述，成为中国信仰的一部分。中国的信仰系统是多维度、多层次交织的网络结构：天地宇宙、日月星辰是一个大网络，地球上各种生态构成一个个小网络，人与人之间又构成一圈圈的小网络，人体本身乃至器官、细胞、粒子，其内部又是一个个小网络……如此种种，层层套叠、相互影响的网络结构，维持了这个巨大无边的大宇宙的平衡。

每一个个体，作为这巨大无边的网络中的一环，都有其重要性。若是这一环断裂，整个大网络就会慢慢松弛，甚至逐渐垮塌。所以，我希望每个人都能对自己持有信念和希望：人立足于天地之间，作为天、地、人"三才"之一，有其不可替代的位置和价值。从终极而言，人心必将回归于天地之心。所以，张载提出："为天地立心，为生民立命，为往圣继绝学，为万世开太平。""横渠四句"不是空泛的宣言，而是立足于天地宇宙的人间理想。一个人如果内心怀有如此崇高的目标，就不会糟蹋自己。

然而，若是空扬如此理想，没有真履实践的行动与之相配，也会流于空虚。这时，道家思想恰好能加以矫正：微小的东西其实孕育着伟大，"空"的东西往往最具体。如此思想，可以将人从狂妄拉回到循序渐进的现实之中。佛教传入，又带来"解脱"的观念。在原始的印度佛教，"解脱"是回归虚无；在汉传佛教之中，"解脱"则是回归"原来的起点"。用近代很重要的天主教神学家德日进的话来说：起于起点，终于终点；但终点与起点，是同一个地方，即起点 α 与终点 ω 二者重合。如此一来，追求内心的安顿，可以使你安分守己、安贫乐道；即使遭逢侮辱，你也能做到胸怀坦荡、无愧于心。这些就与传统基督教所主张的信众对神的仰望的心态完全不同了——人有能力整顿自己，不需要仰望一个外在的偶像，而要将人间的责任担在肩上。

第二讲　轴心时代的中国与世界

中西文化由此分野

在孔子所处的时代，中国文化侧重于内在人心的整顿。埃及文化则由太阳神信仰，转化为"独一真神信仰"。如此情形，使时至今日，白种人不能懂得中国人，而中国人可以懂得白种人。因为中国文化主张：人虽在宇宙之中，但人的自心之中也有一个大宇宙以及真理存在。这一真理个人能否掌握，依靠机缘、能力，更凭借个体生命不断推进自己的点滴功夫，而非外在神的圣恩。

中国人安土重迁，大一统的农耕社会，维持了千年之久。虽然屡遭北方草原民族的侵略，但总能将其同化，复归于一。原因在于，自从秦汉完成了天下国家的大整合之后，从文化、经济、道路交通网络到政治体制，从个人、家庭、宗族、郡县到国家，构成一个重重叠叠的大网络。宗族网络被破坏时，地方性的社区网络可以弥补；地方性的社区网络被破坏，上面还有一个更大的文化网络存在；网络之内，处处互相呼应。

"中国"这两个字，代表的不只是一个主权国家，也不仅是一个人群的共同体，还是一种人性、人生提升的理念：人在天地之"中"；人生在世，修己安人，要符合"中道"；中国自认为天下国家，也勇于担任人间秩序的守护者。如此理想，使中国的大一统维持千年之久；也使中国在近五百年内,慢慢丧失了自己——近两百年间,我们等于完全失败,丢失了自己。直到现代,中国开始重新整顿自己,在世界上站起来。

这条道路非常曲折,在尝试的过程中我们走了许多冤枉路,牺牲了许多个人、许多群体,但我们一直在走。走路的过程中,哪怕是蒙冤、受难,依然有一批人虽辱身而不丧其志,始终仰望这个国家建设的目标,砥砺前行,这是过去数十年中国发展的根本之所在。

中西之间的差别,在后面几十年的人类社会中,是个很重要的转捩点。中国的这一套人间秩序与自然秩序的配套、相应,不崇尚绝对的力量、绝对的秩序,认识到秩序内部力量之间的互拉互推、彼此纠缠,有助于将来世界秩序的重整。

人类对自然秩序的理解,第一步是牛顿的经典力学体系,在此基础上转化出相对论,进而到量子理论,下面还有很远的路要走。今天量子力学的宇宙论,与中国传统的大型网络集合体的观念非常接近。所以,中国这一套理念,恐怕更符合今天的自然科学。

人类对"生命力"的追寻,始于探究"生命力是什么","由谁来掌握",终于反求诸己,进入人的内心世界去寻求安顿。这一中国儒家的理念,对于近代以来侧重科学主义的世界,应该有所补益,而对于共同塑造一个世界一体的新的人类文明,应该也有不可或缺的作用。

第三讲 民族崛起与近现代世界的诞生

在族群基础上形成的新的民族国家,不再雇用牧师、神父管理国家,却任用皇族出身的小贵族或世家子弟处理政务。欧洲经过"三十年战争"与两次世界大战,至今还是小国林立。

近代世界的民族国家是如何产生的？为何会有如此多的冲突？中国又为何被卷入这一浪潮之中？

欧洲民族主义的雏形

过去的各种部落、部族，所管理的基本上是一个小群体，并不一定牵扯到人种。尤其是游牧民族的部落，他们时分时合。扩张时，一个部落可以把邻近的小部落吃进来；缩小时，一些周边的小部落则会被其抛弃或主动与其离散。所以，欧洲现在的民族主义，就是几乎说着同一语言、在同一时间到达欧洲的群体，在这块陆地上与其他族群为获取生存资源和空间而进行的争斗中发展起来的。蛮族入侵时，欧洲有罗马帝国撑在那儿，但是如前所述，罗马帝国在军事方面相当空虚：每一次派出去征战的军队，在所占领的地区建立政权，据地自雄——最终，这些政权与罗马关系疏离，与当地族群也不相干。

第三讲　民族崛起与近现代世界的诞生

等到君士坦丁大帝接受蛮族士兵成为正式的罗马兵员，而蛮族军团成为帝国的主要军事力量以后，因为蛮族士兵接受基督教信仰，为了笼络人心，君士坦丁大帝也开始信奉基督教，并将其立为国教。罗马皇帝由此成为维护基督教信仰的护法，而基督教信仰之下的各种部落，都围着这个大的宗教团体、宗教文化来效忠。这时候没有民族主义，只有各处的军阀割据。从君士坦丁大帝时代到罗马帝国晚期，既没发展出一个管理制度，也从未发展出一个有力的政府。总督们各行其是，与当地原来的部落订立协定：怎么分权力，怎么互相将就。罗马帝国的号令，其实不出其城门。

原本在罗马帝国内部，有许多部落酋长转为将军，仍各自统领其部属；等到罗马帝国灭亡，这些将军之间的冲突，就变成小族群之间的斗争；而且中间分分合合，常常伴有婚姻、继承权的种种纠葛。

与中国的嫡长子继承制很不一样，欧洲的女人也有继承权。所以，一个国王或贵族把女儿嫁出去，就将一片领地作为嫁妆让她带走。于是，整个欧洲的情形极为混乱：原本各部落在生活中自然形成的边界，变得不再清晰；当初罗马帝国所分配的疆域，也被切割得支离破碎。唯一可以界定的，就是语言：一个族群聚在一起，往往说两种话，一种是罗马帝国官方的拉丁语，一种是其所在族群的语言。

以英伦三岛为例，岛上至少有五个族群。他们名义上都

063

在英王的统属之下，实际上却是五个族群，各讲各的语言，各自处理各自的事务。时至今日，英国还有三个议会，开会时都用各自的语言：苏格兰语、爱尔兰语以及英语。

我们当年学欧洲中古史，说到这段时期，一位老师给我传授过"要旨"：婚姻与家谱决定了疆域的归属，也决定了战争时的敌我关系。

宗教首领与国家元首对立

后来法兰克王国之所以改称查理曼帝国，是因为查理大帝[1]跪下来向上帝祷告，教皇将皇冠放在他头上，册封他为"罗马人的皇帝"："罗马"意味着他继承古代罗马的疆域，同时也表示罗马教廷承认他统领的是个帝国。后来，神圣罗马帝国的统治者以古罗马帝国和查理曼帝国的继承者自命。但实际上，我们开玩笑说：神圣罗马帝国既非"神

---

1. 查理大帝（Charlemagne或Carolus Magnus，约742—814），或称"查理曼"，法兰克王国国王（768—800），查理曼帝国皇帝（800—814），德意志神圣罗马帝国的奠基人。公元800年，他被教皇利奥三世加冕为"罗马人的皇帝"，被认为是欧洲历史上最重要的统治者之一。

圣",也非"罗马",更不是"帝国"。

到17世纪时,欧洲各国之间的局势,还是混乱不堪。不但族群与族群间经常爆发战争,一个国家内部也冲突不断。例如,大仲马的《三个火枪手》[1]中,主教的火枪营与国王的火枪营经常在街上发生械斗——这叫什么国家?所以,这些国家基本上没有将其内部整合为一个治理单位,外部的边界也不清楚。

《威斯特发里亚和约》：以族群、语系划分国家

所以,就这些国家而言,一旦哪个国王或贵族的女儿嫁到别的国家,或该国从他国迎娶一位公主或贵族之女,国家的疆界就变了。这一情况,使它们彼此间斗争不断。神圣罗马帝国的霸权,将从来源于拉丁语系和日耳曼语系的七家选侯之中选取一人,担任罗马帝国的皇帝。为了解决彼此间的冲突,到

1.《三个火枪手》，法国19世纪浪漫主义作家大仲马的代表作之一。小说以法国国王路易十三朝代和权倾朝野的红衣主教黎塞留掌权这一时期为背景，描写三个火枪手阿多斯、波尔多斯、阿拉密斯和他们的朋友达达尼昂如何忠于国王，与黎塞留做斗争，反映出统治阶级内部钩心斗角的种种情况。

了要选举的时候，这些贵族们拉亲戚、送土地，使出种种手段，无所不用其极。

所以，当时欧洲这一系列乱象，一直到《威斯特发里亚和约》签订才宣告终结，该条约的签订使法国与德意志两大巨头达成一致：欧洲国家要以族群、语系及自然边界作为界限，让每个国家成为一个独立自主的单位，以避免绵延不绝的战争。此前之所以战争不断，就是因为族群与族群之间、信仰与信仰之间的战斗，种种关系纠缠不清，使国家的界限不知道在哪里。

从《威斯特发里亚和约》签订以后，欧洲各国根据前述种族、语系和自然的界限不断调整，才形成今日欧洲多族群的国家和界限。

小国林立、纷争不断的欧洲格局

欧洲如此众多的民族国家，没有共同的背景，所以也没有"天下国家"的意识。架在这些国家之上的是宗教信仰，但罗马教廷在那时已经没有力量，只拥有一个虚设的名号。在族群基础上形成的新的民族国家，不再雇用牧师、神父管理国家，却任用皇族出身的小贵族或世家子弟处理政务。欧洲经过

"三十年战争"与两次世界大战,至今还是小国林立。

历史上的英伦三岛乃是至少三十个族群共同存在的格局,彼此之间其实相对独立,有时候仰仗贵族的门第,以婚姻维持彼此的关系。在有了国王以后,英伦三岛以其共同虚载的国王的名义,维系这些族群的共存。但是,爱尔兰始终不认为自己是英国的一部分,因为爱尔兰人是最早到达三岛的族群。

二战结束以后,欧共体及欧盟先后成立,进行西欧一体化的种种努力。其主要的功能之一,是面对旧日苏联的强大压力,以及苏联解体后的俄罗斯。

欧盟实际上是美国主持大局,倚仗英、法、德三个主要国家的充分合作,以俄罗斯为假想敌。如今,英国已经退出欧盟,法、德二国也常常对美国的霸权感到不满。如此在特殊条件下组合而成的欧盟,一旦丧失美国支持,或面临的俄罗斯的威胁消失,大概离解散也就不远了。

天下国家:作为文化共同体的中国

中国本来是一个以文化为中心的天下国家,皇帝是"天命所归",代表上天的意志。"天命",也就是指皇帝能够作为这一文化秩序的共主,为老百姓所接受;他也必须对这一天下国家担负起应有的责任。

如此天下国家的秩序,奠基于秦始皇统一六国,直到汉武帝时才真正整合为一:将精耕细作农业,转变为商品化、市场化的农业;以三横四直的道路网络,将中国内部各区域的贸易和交通,融合为一体。更重要者,是自秦汉开始,中国用同一套文字书写经典及公私文书,即实行超越方言、地域的"书同文"政策。于是,在文化观念以外,经济上的互相依靠,与共同的语言文字,使中国成为长久存在的共同体。

在这一庞大的天下国家之内,无论是居于边缘的蛮族,还是进入中原的草原民族,都会逐渐被同化。例如匈奴曾与两汉相持两百多年,其间也曾娶汉朝的公主和亲,与其建立婚姻关系。后来匈奴分为南北,南匈奴与东汉交好,逐渐汉化,居然演变为南、北匈奴对抗的局面。

后世的蒙古帝国,占领中原近百年。统领中国本部的忽必烈汗灭亡南宋,整合中国建立了元朝。两三代人之间,蒙古人也相当程度被同化。及至朱元璋革命成功,明朝几乎完全恢复了过去天下国家的疆域。大清入关取得天下,基本上是继承了中华帝国的版图,又以草原共主的身份将蒙、藏、回纳入"二元帝国"之内。传统意义上的中国比以前更大,"华夷之辨"的最终结果则是"外夷的华化"。

我们的历史教科书,对于宋朝"纳岁币"给辽国及西夏以求和的行为，通常认为是一种屈辱。但是我们从经济角度计算，实际上宋朝每年在与辽国或西夏的贸易中所获利润，早就超过岁币的价值；况且，此举还减省了战争的军费支出。

范仲淹曾在关陇之间，西夏与宋朝的边界担任要职。他将宋朝所产的米，以国内的价钱卖给西夏——等到西夏人习惯于依赖宋人供应的米粮，他们不再需要自己耕种农田，因此，双方长期维持和平共存的局面。

同样，女真人入主中原以后，也接受了南宋的"岁币"，他们购买南宋商货的支出也远大于所接受的"岁币"。所以，这个以中国本部贸易网络为核心的经济、文化循环，及其对周边不同族群的吸引力，才是中国基本疆域自秦汉维持至今的原因之所在。

中国历史上，以华夏与四夷作为宗主与藩属之间的分际。这种界限并不是截然分开的，其划分也不完全根据地理的远近。而且，如前所说，宗主在经济上也必须付出一些代价，以换取藩属在名分上的服从。

比如历史上向中国朝贡的藩属国，有些实际上对中国并不恭敬。面对这种情形，中国的处理方式也是"难得糊涂"。只要他们定期朝贡，中国的政策向来是还回去的物资，比他们送来的更多，以经济实力拉拢四夷。

同样是宗主与藩属的关系，其间也有亲疏之别。比如朝鲜与中国关系比较好，日本几次攻打朝鲜，中国都出兵帮助抵抗。同样是中南半岛的朝贡国，泰国、缅甸对中国都很服从，越南有时候则叛服不定。历史上的天下国家体系之下，中国与东亚周边国家的关系经常变化，但是中外主从之分始终存在。

朱元璋建立明朝后，蒙古人被赶回北方，但并未被赶尽杀绝，"北元"依然存在。明朝向蒙古人购买牛、羊，以及草原出产的其他物资；也向草原供应汉地的米粮和其他产品。后来，明政府将长城沿边的田地开垦，招收百姓种植米粮；同时，以"开中法"供给边地需要的军粮民食。如此，边地经常可以储存相当数量的粮食，边地的土地得以开发，贸易得以开展。

满族对中国的征服最为彻底。清朝前半段，康熙、雍正、乾隆三朝，"三征蒙古，一征回部"，用汉地的钱粮征服北方的草原，建立了一个庞大的"二元帝国"：帝国的草原部分，其首都在热河，每年草原上的部落首领都到此朝见大汗；帝国的农耕部分，则由首都北京的六部管理。大清"二元帝国"的内外两个部分，从政治、宗教文化上而言是分立并行的关系，从经济关系上而言则是逐渐融合的局面。

中国广土众民，疆域内的语言、文化、人群甚为多样，但不妨碍大家对于"中国人"这一身份，以及中国文化的认同。中国境内存在各种方言群，中国人在其间可以迁徙、可以调适自身。政府甚至会组织大规模的人口移动，比如历史上著名的"湖广填四川";为逃避灾荒、战乱而迁徙的人群,也会成群结队地移动。我们无锡既翕堂许家,就是从河南固始南下到福建,然后又在乾隆年间搬到无锡的。而且,许家的很多支派远布海外,泰国、菲律宾、马来西亚、新加坡……很多地方都有。

中国人自称"炎黄子孙",中国最大的几个姓氏,其人口都有几千万之多。这种对于共同祖先的观念认同,使得中国长期以来,没有如同欧洲那样养成以族群划定界限、彼此斗争的习惯。

从1840年开始,经历在两次鸦片战争以及八国联军侵华战争中的轮番失败之后,面对高鼻深目、船坚炮利的西方人,中国人才认识到自身与西方的巨大差异:传统天下国家体制,终究不如民族国家团结有力量。对于《南京条约》割让香港岛给英国,道光皇帝至死都觉得羞愧,无颜面见列祖列宗。因为按照传统观念,他是天下共主。道光皇帝的陵墓在西陵,极为朴素,没有雕饰、装扮——他在借此表达对祖宗的愧疚。

面对如此前所未有的冲击,中国必须要创造出"民族"的观念以应对挑战,"炎黄子孙"的观念就是在强力冲击之下被塑造出来的。

当初大清入关,许多老百姓欢迎他们,因为相较流寇,大清所维持的秩序更为安定。帮助大清打先锋的部队,如孔有德、耿精忠、尚可喜、吴三桂所部，都是从山海关外打进来的火炮部队。面对如此情形，儒家士大夫其实心有不甘；及至大清强令剃头易服时，大批汉人感觉羞辱，起而反抗。平定三藩之乱、收复台湾以后，天下定于一，大清政权稳定了，强调"满汉一家"，皇家编辑《四库全书》，特别将典籍之中有关华夷之别、内外之分的部分均予以删除。

及至清末，孙中山提出"三民主义"：民族主义、民权主义、民生主义。孙中山的志愿，一方面是想要维持固有中华体系的内容，民族和民生；另一方面是想参照西方，创造出一个前所未有的民主制度。他觉得中国人与洋人斗争需要民族主义，民族主义则是必须自己能够确认自己独立的身份。我知道如此的坚持并不理性，只是百年苦难，不能忘怀。近代以来，中国遭受的轮番伤害前所未见，这使中国人明白：我们必须团结在一起，建立自己的民族认同。

欧美的民族国家意识，后来还衍生出对其他族裔的歧视，尤其是对于黑人的歧视。在基督教一神信仰之下，欧洲白人信奉唯一的上帝。他们认为上帝对其有特殊的恩赐，而不信仰基督教的所谓"异教徒"，则不能得到上帝的恩赐，因此，这些人也就不值得同情。

所以，西班牙人来到美洲时，他们登陆到哪里，将旗子往地上一插，就可以用神的名义宣布这块土地为其所有。他们代替西班牙国王占领这块土地，以此来奉祀上帝。

英国人逃难到美洲，就是凭借宗教的力量——他们不愿意活在英国国教笼罩之下，转而信奉新教的神。他们不认可英国国教中，国王作为人与神之间沟通的媒介，所以到新的土地上建立自己的教会。这是美国的立国精神，今天的美国货币上印着"In God We Trust"（我们相信上帝），美国总统宣誓还要将手放在《圣经》上。但是将来有一天，如果犹太教徒当选美国总统，宣誓时要使用《旧约》还是《新约》？假如华裔当选美国总统，宣誓时应该摆《论语》还是《圣经》？

直到今天，美国还是欧洲民族国家的"扩大版"：在有些美国人的观念里，美国每个州都相当于一个欧洲民族国家。美国南部几个州，最初是法国殖民者建立的；北部几个州是英国殖民者建立的。后来拓殖的中西部以及内地诸州，新来的移民比较多——例如，北欧国家挪威、丹麦、芬兰等国的移民，在中西部偏北各州人数较多；西班牙语系的人，在得克萨斯州较多；如此发展，加州或许会变成"亚裔的加州"，其亚裔群体主要由中、日、韩、菲、越等国后裔构成。

中国与西方：如何走向"大同"？

时至今日，中国与西方交往频繁，就不能不谈民族主义。虽然在20世纪80年代以来的全球化之下，美国主导的世界贸易组织（WTO）等机构和相关协定纷纷出现，口头上坚持世界不能再有界限，整个地球是"平的"，但只是说一套做一套，归根结底这是"白人主导的全球化"。当时，日本在世界贸易上，以新兴工业国家的身份，领一时之风骚。美国就不再记得"地球是'平的'"了，对于日本经济的打压无所不用其极，终于将日本的优势强制压倒。直到今天，日本都无法恢复当年的盛况。

当前，中国经济在这套规则之下崛起，美国更承受不住了，宁可退出原本许多自己主导的组织、条约。美国为了维持经济霸权，不惜违背经济全球化的总趋向，违背所有民族共存的大原则。20世纪80年代，社会学、民族学、政治经济学等很多科目的教科书，都讲"世界大同"的理想，如今却已不见。为什么美国对印度特予青睐？因为印度人一向服从。尽管印度为人诟病之处甚多：种姓制度，女性权益得不到保障，随处可见强奸乃至草菅人命案……如此种种，都不是所谓"普世价值"能容忍的，但因为印度对欧美不构成威胁，欧美世界就对如此情况，视而不见。

第三讲　民族崛起与近现代世界的诞生

1945年，联合国成立。中国将孙中山手书的《礼运·大同篇》[1]，刻在大理石上作为赠礼。在随后召开的一次会议上，讲到人权协定时，与会者提出："人权"是人的基本权利。但是，只讲人的权利，没有提及人的义务。中国代表团的张彭春补充说：中国人的全球理想，如《礼运·大同篇》所说，是每个人都有生存的权利；然而，他对世界和他者却有应该担起的责任：照顾弱者，"使老有所终，壮有所用，幼有所长，鳏、寡、孤、独、废疾者皆有所养"，这才是大、小团体与个人之间相对的权利、义务和责任。1948年，联合国大会通过《世界人权宣言》，其中明显可见《礼运·大同篇》的影响。

亨廷顿[2]"文明的冲突"理论，预测将来的世界，会是中国的儒家与伊斯兰世界对西方主导的现代文明的挑战。其弟

1.《礼运·大同篇》，出自《礼记》，儒家经典之一，相传为西汉经学家戴圣所编，书中内容主要是先秦的礼制，体现了先秦儒家的哲学思想、教育思想、政治思想、美学思想等。
2.塞缪尔·菲利普斯·亨廷顿（Samuel Phillips Huntington，1927—2008），哈佛大学教授，美国政治学家，以"文明冲突论"闻名于世，认为冷战结束以后核心的政治角力是在不同文明之间展开，而不是在不同意识形态和国家之间展开。

子福山[1]是日裔的美国人，他在此基础上更提出了"历史终结论"，认为当前的美国式民主是人类社会发展的终点。但世界如此广阔、多元，未必有个一劳永逸的"完美制度"，能够适用于不同文化的所有地区；再完美的制度，随着时势的推移，也会逐渐改变、腐化，走向败坏，这正是当前美国正在出现的情况。

只有世界大同才能免除战争，只有彼此合作才能实现共存互利。希望我们能持有如此态度，而并不只是夸口"厉害了我的国"。面对外来的挑战，比如当前美国的种种压迫，我也希望中国能够凭借智慧成熟地应对，而不应简单地"以牙还牙"。

1.福山（Francis Fukuyama，1952—），日裔美籍政治学者，约翰斯·霍普金斯大学教授，曾师从亨廷顿，著有《历史的终结及最后之人》等作品。他曾提出"历史终结论"，认为西方国家实行的自由民主制度是"人类意识形态发展的终点"和"人类最后一种统治形式"。

第四讲　全球化视野下的中国经济形态

很多事情实际上的善恶、好坏，差别就在毫厘之间。无论在制度还是行为上，人都不一定能控制其走向，处理起来要极其小心和谨慎。我所谈论的要点，是为了提醒大家，从纯粹的社会主义理想一直到国家社会主义之间，存在许多可能性。

中国自秦汉以来，所长期维持的大一统天下国家形态，以精耕细作农业为基本盘，道路交通网络贯穿全国、错综复杂，各种资源在其内部流通。这一独特的经济形态以及中国式的经营方式，经过长时间的发展，呈现出与西方颇为不同的面貌。在此，我们从汉唐开始，着重讨论宋代以后，尤其是明清两代直到近代中国的经济形态。

第四讲　全球化视野下的中国经济形态

从汉到唐：从自然经济[1]过渡到货币经济[2]

中国在汉代使用的货币中，五铢钱是很有信誉的一种，一直被使用到唐代。这种由国家铸造的铜钱，与金、银铸成的元宝相配合，构成中国货币的基本形式。当然，这种货币与现代货币的定义不太一样：当时的中央政府并没有储备一定数量的贵重金属作为发行货币的信用保证，而是以政府信用作为担保。

从汉代到唐代，一直还有另外一种"货币"：丝帛。长期以来，中国出产的丝帛，在国内是制作衣服的原料，还被大批运往中东乃至欧洲。因为西方国家与中东国家都珍视中国的丝织品，但不知如何生产。对他们而言，丝绸是一种相当独特的服装原料。

最开始是中国直接贩卖丝帛给中东及西方世界，后来逐步发展为外商进来购买丝绸运回中东乃至西方。对中国而

---

1. 自然经济，与"商品经济"相对，是为了满足生产者或经济单位（如氏族、封建庄园）本身需要而出现的经济形式。小农经济是自然经济的一种形态，这是一种以家庭为单位、生产资料个体所有制为基础，完全或主要依靠自己劳动，满足自身消费为主的小规模农业经济。
2. 货币经济，商品经济发展的最高阶段，指在某个经济社会中，货币与商品生产以及与之相适应的交换、分配、消费等环节紧密结合，形成了一种高度发达的商品经济。它的特点是：产品的商品化程度和商品的货币化程度较高，社会经济生活对货币的依赖程度也很高，人们的货币意识强烈。

言，丝帛在对外贸易中是相当占便宜的一种商品。后来，中国与亚洲的草原民族发生冲突、纠纷时，如果失败了，就常常以丝帛作为赔偿。所以，丝帛的作用非常复杂，它既是一种商品，也是一种"实物货币"。

汉代征收的"人头税"，要以货币形式缴纳；至于生产税，可以缴稻米或丝帛。货币是由政府铸造发行的，民间则必定要以商品贸易的方式换取这种货币。因此，汉代征收"人头税"的做法，促进了自然经济向货币经济的过渡。

及至唐代，安史之乱将盛唐的繁华拦腰截断。德宗时代短暂"中兴"时，中国才真正脱离自然经济，进入货币经济时代。"安史之乱"以后，沿边节度使常常要求中央政府授予铸币的特权：双方约定一定的铸造数量，作为限制；同时，货币也会被打上特定符号，作为铸造地的标记。如此，原由中央垄断的货币铸造制度被打破。

唐代政府本来征收的生产税，需要缴纳稻米与丝帛等实物，储存在以"道"为单位的仓库之内，以备饥荒等不时之需。到德宗时代，产生了一个划时代的变革：政府允许老百姓按照市价，以货币的方式缴纳生产税。从此以后，不再有"生产税"与"人头税"的区分，一律以货币来缴纳。更进一步，既然各地仓库已不再有储蓄实物的任务，各"道"自己需要现金的时候，即可将原本已有的储蓄抛向市场。同样，假若当地粮食价格太高或者太低，官方就能以在贱价时收入、在高价时卖出的方式平衡市场，保证老百姓的生活不致受货物贵贱的影响。这种常平仓[1]的设置，与由官方来调节市价的观念拼合在一起，就使中国的经济秩序有很"革命性"的变化：不单单是过渡到货币经济，而且过渡到政府可运用手上资源自由抛出或者购入，来调节物价的高低以及当地货币的流通数量。

宋朝特殊的"国营经济"体制

到了宋朝，因为常常有边患，边关地区来不及向中央政府申领现金，政府输送物资过去也过于迟缓，当地民政、军政首长就以"信用状"的方式，购买地方市面上流通的食物供给军事国防所需。和平时期，军政、国防部门所掌握的现货，也可以随时抛售到市场，来满足自身的资金需求。这种地方性的"信用状"和货币，以"信用状"和实物资源之间的经常交换

1.常平仓，中国古代政府为调节粮价，储粮备荒以供应官需民食而设置的粮仓。主要是运用价值规律来调节粮食供应，充分发挥稳定粮食的市场价值的作用。在市场粮价低的时候，适当提高粮价进行大量收购；在市场粮价高的时候，适当降低价格进行出售，既避免了"谷贱伤农"，又防止了"谷贵伤民"。

为方式，使政府可以运作"杠杆"，调控全国的实物供应以及货币供应。

同时，四川商人还发明了一种名为"交子"的"信用状"，以存款凭证代替笨重的铜钱在市面上流通，商人可凭借这种方式在各地交子铺存取铜钱。这种全新的方式，以其便捷的流通性及良好的信誉被广泛接受，起源于民间的交子也就逐渐发展成为法定货币。

如此设施并没有理论基础，都是各地在各个时期慢慢演化而来的。与同时代的欧洲相比，这种做法要现代得多。现代经济学理论，其核心内容也不过是掌握货币与实物之间的调控。而宋代更进一步，许多地方政府或军政单位，都可以"官邸"所掌握的现金或资源作为本钱，随时上街调动物资——若有多余的经费闲置，就可以将其借贷给商户操作运营，按照一定的比例返还利润，这种官方放贷机构被称为"抵当所"或"抵当库"。

在宋代的笔记小说里边，常常可见上述情形。以《水浒传》而论——当然《水浒传》是明人所作，但宋朝的事情在其中表现得相当真实，原因在于宋代的笔记资料相当丰富——比如"鲁提辖拳打镇关西"一节，那时，西面"边防总指挥"（经略使）"种相公"，其执掌的单位将其公廨本钱放贷给郑屠，让其在延安街市经营肉铺，郑屠就可以告诉鲁智深：我领了府里边的本钱做这个店铺。又譬如"武松醉打蒋门神"一节,被蒋门神强占的快活林客店,就是领了当地"牢城营"的本钱所设。一个很小的地方管理戍守兵丁的军事单位,可以委托商人经营餐旅业。这是小说之中见到的有关"公使钱"的活生生的例子。

因此,有宋一代,政府与民间金融资本的流通相当活跃。也就是说:政府参与甚至干预民间一般的商业活动,在中国近古以来是常有之事。

宋代还有一个特殊现象,就是若干重要的产品,比如盐、铁、茶、瓷器、木材等,都有专设的"榷"经营管理。"榷"并非政府部门,而相当于皇家产业的专营机构,其收入和政府的公产分开。众所周知,赵匡胤是在许多军人拥戴之下才得以称帝,建立宋朝的。后来他"杯酒释兵权",给部下将领的条件就是让他们从军队退休,世世代代享有特权;其后,他们的子孙常常与皇室联姻,也就渐渐转为皇亲国戚。这一勋贵阶层,就是经营这些皇家专营生意的主要人群。为此,他们还专门吸收了一批专业经营人才,为其服务,形成一套长期稳定的经营管理机制。我的老同学郝若贝(Robert Hartwell),写过一篇有关宋代经济的论文。其中提到,以宋代"榷监"的资料而言,宋代元丰年间中国铸造钢铁的数量,几乎相当于18世纪初整个欧洲的总产量。

除了"监"的国有专营,这一勋贵阶层还掌握了"榷"所征收的过路税及关税。这一特权阶级,以其身份为皇室服务，掌握了利润最高的企业和关税，以此收入来支付、养活世袭贵族或皇亲国戚等特权阶层。

"靖康之变"以后，南宋"四大名将"都建立了私人军队。其中包括岳飞领导的军队，也即以剿灭洞庭湖农民军钟相、杨幺所部，收缴其产业以维持长江中游的岳家军——从今日的湖北荆州到襄阳，都是岳家军的地盘。岳家军不扰民，原因之一是他们以原有的本钱投资获利，有足够的经费维持部队。

前述行为并非个例，张浚等武将都有类似的经营业务。贯穿整个南宋，很难说哪个军事将领没有这种行为。政府没有力量监督时，掌握地方政权和部分控制权的武装力量，也能以如此方式来维护自己的利益。一个官员凭借如此身份，既可直接以公廨的经费投资生利，也可以担保第三者向官家贷款，使私人得到官方权力支持，从而在短期内迅速获取巨量财富。

从明到清：宗室经营的财富远超政府和百姓

延及明朝，这一特殊体制依然存在。不过，主持管理的不再是功勋子弟，而是由宫廷内监委派的太监，他们负责管理过路税、关税等等；皇室也会以皇商的名义派人经营商业，以

● 伊朗出土的美索不达米亚欧贝德时期的陶器。这种陶器的出土,显示了两河流域文明对其他地区的广泛影响

●埃赫那顿半身像,新王国时代,埃及国家博物馆。埃赫那顿执政时期,改革了太阳神祭祀,他宣称只有一个太阳神,而自己则是太阳神的化身

● 1864年的美国硬币。时至今日,美国货币上仍然印着"In God We Trust"(我们相信上帝)

● 《威斯特发里亚和约》的签订,油画,1648,荷兰国家博物馆。《威斯特发里亚和约》确定了以族群、语系划分国家,为今日欧洲多族群的国家之形成奠定了基础

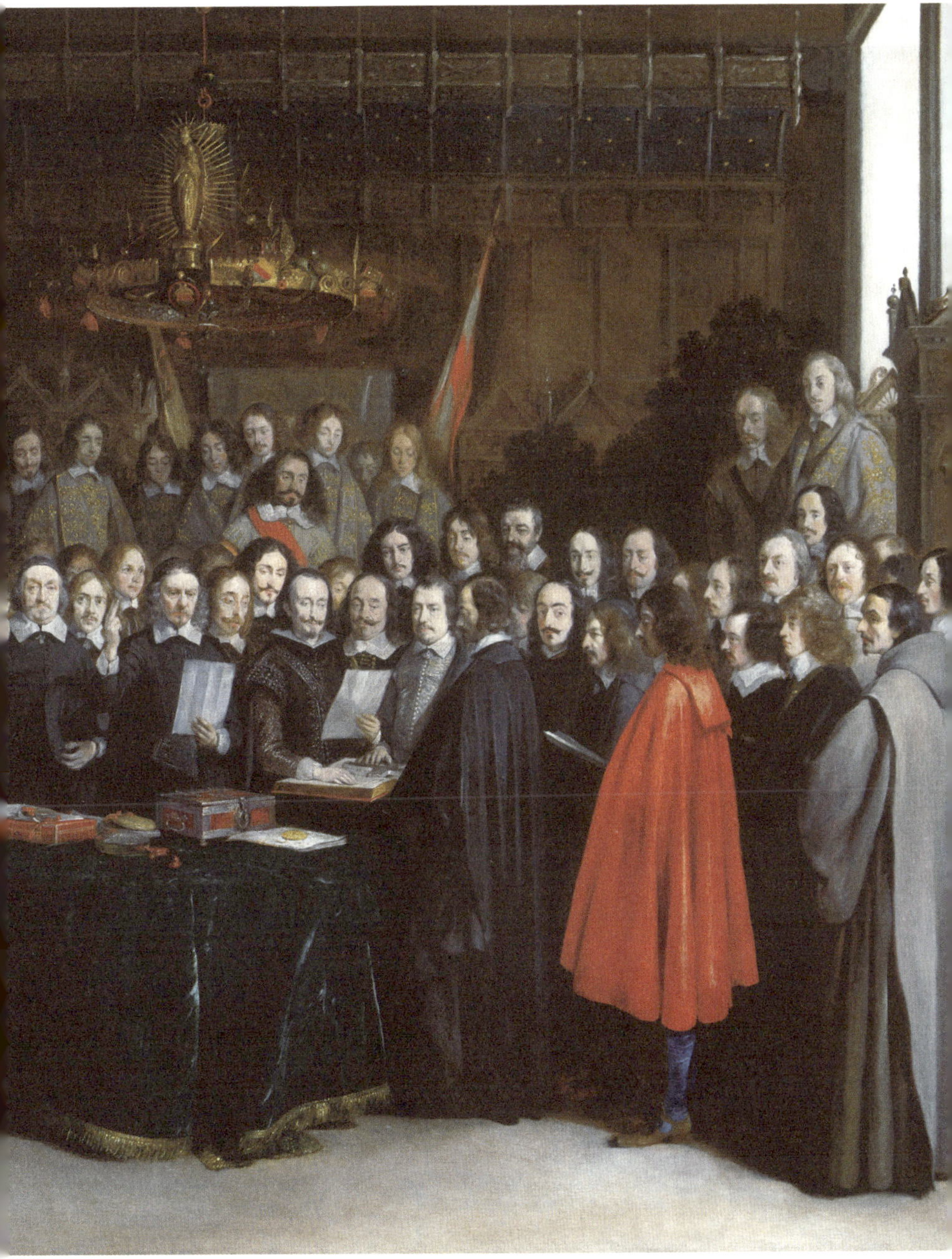

- 汤若望，1667，匿名作者绘。在明末清初，天主教神父如汤若望、南怀仁等人已开始将西方知识介绍到中国

- 身着蒙古服装的马可·波罗，18世纪，格雷文布罗克（Grevembrock）绘。据马可·波罗口述成书的《马可·波罗游记》，后来在欧洲广为流传，激起了欧洲人对东方的热烈向往，对以后新航路的开辟产生了巨大影响

● 中国古代外销的青花瓷,1700—1720,美国沃尔特斯艺术博物馆。在古代,中国生产的瓷器远销欧美,广受欢迎

● 波士顿倾茶事件,1846,纳撒尼尔·柯里尔(Nathaniel Currier)绘。英国东印度公司的垄断手段,导致了1773年波士顿倾茶事件的发生,这是引发美国独立战争的一个重要的导火线

● 郑成功传世画像，17世纪，黄梓绘，中国国家博物馆。郑成功曾收复台湾，结束荷兰人在台湾数十年的殖民统治。画面绘郑成功坐于松树下一长案旁与人对弈的情景此巩固这些皇亲国戚的特殊地位。

明朝封王很多,除南、北直隶两个单位以外,大概全国各县都有王府。作为特权单位,如此众多的王府也都有各自所经营的事业,他们和宦官管理的各种事业,有时候平行,有时候互助,有时候则互相竞争。

于是,明朝出现甚为奇怪的现象:国库空虚,百姓穷困,各王府及内监却非常富有,皇室私家收入其实也甚为可观。这些收入,直接或间接供给皇宫内院各种开支。国家穷困、入不敷出时,皇亲国戚的生活依然非常优裕。明代稗官野史以及民间说唱,常以"朱千岁"代表这种人物。在李自成进京,崇祯皇帝自缢煤山之前,国库空虚,而宗室依然掌握大量的财富。

清朝在没入关以前,大汗本身就拥有所有的公私财产,连所有部落的民众都是其奴才。所以,满族大汗与老百姓的关系,并非传统中国君臣之间的关系,而是主奴之间的关系。满族人之中的权贵或富裕阶层,也可以拥有自己的奴隶;到后来,这些奴隶被称为"包衣"。"汉军八旗"中,很多人都是被抓来的俘虏、奴隶出身。

清朝人有一个公私不分的观念,他们认为皇帝是所有人的主人。这一观念,就使清朝皇帝具有双重身份:一重身份是满族的主子,另一重身份是汉地的君王。

汉地的收入是君王的,满族人豪夺或经营的产业,也都是皇帝这个主人的私产。下面不同层级的官员，包括所有的王室贵族都是皇帝的奴隶。因此，满族征服全国，汉地采用的是君臣制度，满族人与汉军八旗实质上都是皇帝的私产。皇家的庄园，其收入归根结底是由皇帝的内务府来操控的；而内务府则由清朝皇帝特别信任的皇族或旗人管理。

清朝的皇室和亲贵，占有大批土地作为他们的庄园。比如《红楼梦》之中的贾家，可能就是"汉军八旗"，薛宝钗的哥哥薛蟠，就是领了内务府的执照以皇商身份投资获利的。

同期欧洲：皇室介入营利事业

在西方，哥伦布发现新大陆、麦哲伦开辟新航道以后，葡萄牙、西班牙、荷兰、英国都投入这一海洋贸易竞争之中。我们知道，海洋贸易实际上是海盗与海商的混合体，两个敌对国家的商队在海上遭遇，火力较强的一方，就能掠夺弱者的商货。

以英国、荷兰为例，它们的商队都不是由政府经营的，荷兰东印度公司、英国东印度公司，理论上说都是经营海上贸易的"皇商"。如此代表皇家的力量，在海上彼此竞争、厮杀。其中最惨烈的一次战争，是16世纪末期西班牙的无敌舰队，被英国舰队围剿。无敌舰队参与战争的上百条船都有火炮，威力大、射程近；英国人船上的火炮威力小、射程远。于是，英国人就发挥射程远的优势，剿灭了西班牙舰队，确立其海上霸主地位。

在此我要特别说明的是，前述荷兰东印度公司、英国东印度公司，理论上都不是政府在经营，实际上却是皇家在把控。也就是说，英国与荷兰的皇室，都是海盗头目、海商头目。这个"皇家经营"有特别的名称，我们到香港去看，香港回归以前的跑马厅，其马赛是英国皇家御准（chartered）举办的，香港的渣打银行过去的英文名是"chartered bank"——也就意味着，它是英国皇家御准设立的银行。

因此，在几乎与中国明清同时代的欧洲，以皇室特殊地位介入营利事业的现象也普遍存在。但是，英国人经营到后来，就以东印度公司的名义夺取了印度。当时欧洲殖民地的建立，常常以类似的方式，即先由皇家特许经营的公司攫取一地的主权，然后将其主权转移到皇家政府，最后再将其转变为殖民地。

明清晚期：政府授权民办成为风气

中国在明代晚期，沿海进出口贸易非常兴旺。因为欧洲的商船可以直航中国港口，不必经过印度和中东。这些商船采买中国商货带到欧洲贩卖，其利润可达其成本的百十倍。近年来，中国的考古单位组织了海洋考古。考古学家从海底捞起两艘沉船，一艘装载了满满的明代瓷器，显然是运往中东的；另一艘装载的是由树干切割成的木材，可能是人们砍伐了南洋地区的树木，运来中国，以满足建筑或器物制造之用。以当时中国的航海技术而言，郑和下西洋使用的航船，吨位大、结构紧实，导航方法准确，应该可以超越欧洲来船。若正面对战，欧洲船未必能取得优势。

郑成功的父亲郑芝龙，就是纵横东亚海域的海商集团首领。其组织的海商、海盗"两栖部队"，和荷兰人、葡萄牙人及日本人合作。恰好当时有一批日本武士，因为藩属制度改革失业，就加入这一海商集团。其实明末所谓"倭寇"，以日本人为主角，但不一定都是日本人，里面中国人、葡萄牙人、荷兰人都有。

郑成功到台湾建立政权以后，郑家旗号在太平洋上飘扬，荷兰人、葡萄牙人看到他还要退避三舍，缴纳许可税方可在东亚海域通行。台湾的郑氏政权，就倚仗如此力量在海上撑持了数十年。

近代以来的世界，上述半官半商的企业，处于政府与皇室之间的"灰色地带"，运用得当可以做出很大的事业。及至鸦片战争爆发，中国失败以后，欧洲商人才能进入中国自由贸易，其中就有渣打银行一类具有官方背景的公司。至于美国十三州，却是以当时美洲殖民地的领导者组织的民营公司，经营对华贸易。

鸦片战争以后，中国才逐渐警觉到自身与西方的差距，进而在官方主导下开展"洋务运动"。当时的中国人，"思想改造"尚未开始，能够理解西方思想、科学的人寥寥无几。

虽然在明末清初，天主教神父如汤若望、南怀仁等人已开始将西方知识介绍到中国，但这些人的知识领域与深度，都决定了他们无法介绍最现代、最先进的思想与技术给中国。荷兰是西方新教的主要基地之一，荷兰人在日本介绍的西学，反而是当时欧洲最前沿的现代科学及思想。中国人在当时获得的西方知识，其实与日本人有相当大的差距。

尽管如此，明朝末年的徐光启、方以智、李之藻等人，还是做出了相当的贡献：徐光启信奉天主教，曾和利玛窦一起翻译最早的中文版《几何原本》（前6卷）；方以智的著作《物理小识》，吸收了不少西方知识；李之藻与葡萄牙人傅汎际，则合译了介绍亚里士多德逻辑学的名著《名理探》。

在军事技术方面，明代人已经认识到西方火炮的重要性。他们从澳门葡萄牙人手中购买，或从海盗船上收缴火炮，然后加以研究、改造，进行本土的技术升级、量产。

明清之际，毛文龙统领的海盗部队占领辽东的皮岛作为基地。后来投靠他，并成为其亲信的孔有德、尚可喜、耿仲明等人，都是矿工出身。毛文龙这一矿工的领袖，却因为另立门户，居然组织了渤海、黄海的海上部队。他首先收缴了西方船只的火炮，然后又从澳门直接购买火炮和火枪，建立了一支以火炮为主的私人军队，游离于明清两个政权之间。他虽然号称投向明朝，最终还是被袁崇焕所杀。他的部队则投降后金，成为满族人第一支火炮部队，也是大清征服全国的"开路先锋"。

鸦片战争以后，中国开始意识到要学习西方；当时的一种观点认为，中国之所以打不过英国，是因为没有先进的火炮，难以抵抗。但是，在清朝前期，中国的火炮部队其实非常强大：康熙、雍正、乾隆三朝，平定草原上的所有势力，仰仗的就是缴收的明代火炮以及清代自行研制的火炮。"三征蒙古，一征回部"，几大战役，使这些资源消耗殆尽；到了乾隆时代，征伐西藏边缘的大小金川以及各种内部叛乱，连小型枪支也被消耗一空。所以，清朝实际上没有储备足够的火器来面对鸦片战争中英国的侵入。

到了八国联军侵华时，中国临时拼凑的火器，依然无法抵抗。所以，到清朝末期经历屡次惨痛的失败之后，清政府的第一个需求，是学习洋人的科学、技术，实际上是引进西方的技术。

其中第一道关口,是引进西方的钢铁制造业及军火制造业。1865年,由曾国藩规划、李鸿章实际负责,清政府建立江南机器制造总局,先后建有十几个分厂,能够制造枪炮、弹药、轮船、机器,还设有翻译馆、广方言馆等机构。1890年,湖广总督张之洞主持建立汉阳铁厂,后来发展为汉冶萍煤铁厂矿公司。1894年,张之洞在汉阳建成湖北枪炮厂,后改称汉阳兵工厂。直到抗战时期,这仍是中国本部屈指可数的能够生产军械的兵工厂,可以制造步枪、机关枪以及小型迫击炮。汉阳兵工厂仿造的德国毛瑟步枪,被称为"汉阳造";抗战时期,这种步枪成为中国军队装备的主力枪械。左宗棠在福建设立的马尾船政局,聘请法国顾问、工匠,使用法国技术,一度被称为"远东第一船厂"。

洋务运动初期创办的企业,纯粹是官办官用;后来各省的电话局、电报局、公路局、港口乃至部分铁路建设,都是官督商办——企业取得官方特许执照经营,每年要缴纳若干利润。整体而言,清末洋务运动中建立的现代公司,尤其是涉足制造业的企业,经营方式不是国营就是官督商办。

后来新生的一种投资经营模式,叫作"授权民办",如今被称为"BOT"[1],即政府委托商家(尤其是外资机构)投

---

[1] BOT,英文Build-Operate-Transfer的缩写,即建设—运营—转让模式。

标,建设某些特定设施,比如铁路、大桥、公路、矿产等;商家可以在许可经营的期限内收回成本,并赚取利润;授权期限截止后,再将这些设施收归政府。在近现代的欧洲以及近几十年来的中国,以"BOT"的办法来组织建设相当普遍。

清末的轮船招商局就是"BOT"企业,只是辛亥革命推翻清朝统治时,招商局的合同还未到期,所以招商局一直经营到1932年,才由国民党政府收归国营。中国与比利时签订合同,修建平(京)汉铁路,也是以"BOT"的方式,但很快就因经营得力,将产权收回来了。

台湾在建设第一个捷运(地铁)系统时,也是采用"BOT"模式,由四家企业经营,十年到期后交还政府。台湾在蒋经国主持基本建设时,发电厂、铁路、公路开发都由政府主持。但后来建设新的厂区、港口、公路、铁路、捷运及货运公司等等,一大半都是采用"BOT"模式。甚至今天台湾的"台积电",当年台湾方面为了鼓励其发展,也曾经考虑过"BOT"方式——后来觉得不能如此,最后由政府担保向银行贷款才得以筹组完成。

宋代以降,从由政府或皇室主导、管理重要企业的发展,一直演化到官督商办、"BOT"模式,这一传统是相当有计划性的管理经营。

日本进入近代世界的潮流,其实比中国还晚一些,而且主要受荷兰人影响。荷兰人在长崎设立基地,带给日本近代西方的信息，这和葡萄牙人经澳门带给中国的信息很不一样。葡萄牙是天主教国家，带给中国的纯粹是教会掌权的天主教文化，鲜少当时欧洲先进的现代思想、科学、经济制度等方面的内容。荷兰远离地中海，代表的是新教文化，为日本人带来的是新教文明中的人权思想，以及民主、自由等观念。1848年，荷兰实行君主立宪制，到现在荷兰还有国王；但国王的身份只有象征意义，并无实权。荷兰人带来的信息，给日本人很大的刺激。受其影响，19世纪60至90年代，日本进行了"明治维新"，确立了一种特殊的君主立宪制。这场改革运动，使日本完成了"资产阶级革命"。

明治维新以前，日本已经持续了将近七百年的幕府政治。天皇被架空，武士阶层掌握实权。其中真正握有权力的，是将军的幕府；将军手下有很多半独立的藩侯，他们服从幕府，是各地占有大量土地的封建领主；藩侯下面，还有众多占有不同数量土地的武士，往往一个村落就属于一位武士。幕府政治的长期施行，使武士们并不经常打仗，身份虽还是武士，但已经相当程度上转变成了地方行政人员。

可以与之类比的，是中国商、西周、春秋时期的"士"。士是当时贵族中的最低等级，每一个士，都是"理论上的战士"。孔子是贵族家的小儿子，他的父亲是鲁国大夫，因此孔子也是"士"的身份。

日本在汉代就接受了中国的封号，而且在弥生文化时期,就大量输入中国文化,开始有朝廷、官制。但是,日本并没有中国商周以来的"士",日本的"士"指的是"武士"。尤其具有启发性的,则是日本真正当权的军事领袖,以将军的名称,组织幕府,掌握实权。天皇不过是权力的象征而已。请注意,"将军"和"幕府"都是中国东周时期出现的名词。后来曹操掌权,就是以"幕府"作为国家的执政单位。日本的皇权与军权叠合,而以军人作为主体的体制,可以说是从中国接受的两个时代的影响:一个是直接吸取了春秋以后中国"士"的观念,而且特别强调"士"的军人身份;一个是日本政权的两极制度,即天皇作为侍奉上天的"祭司长",却不能掌握实权;而真正的权力,属于将军的幕府,以及将军属下的藩主。

幕府统治时期,日本一方面是将军以下层层分封的架构;另一方面也模仿中国,建立了一套国家公务机构和官僚制度,有一定的官员选拔和考核流程。但实际上,这一切都是由武士阶层分层管理的——其中的官职,只是一种荣衔而已。将军和藩侯的子孙,公卿贵族以及武士,才能当官。幕府时期日本的这种制度,其实与中国古代皇权之下的文官体制有相当大的差距。

如上所述,在明治维新以前,日本整个国家的发展水平离现代还有很大一段距离,但日本比中国更接近当时的欧洲社会。一方面,那时欧洲的神圣罗马帝国刚灭亡不久——实际上它既不"神圣",也非"罗马",更不"帝国",而是许多封君制邦国的联合体。这些邦国都由独立的封建领主统治,帝国皇帝徒有虚名。日本幕府时期的封君制度与其类似,由这一点来看,日本当时的社会结构还相当落后。

但另一方面,明治维新前日本经济较发达之处,在于工商业的分工相当专业,工商阶层力量增强。这与欧洲商业革命以后,工业化前期阶段,市民阶层中工商人士的情况较为接近。总而言之,明治维新前日本社会的发展水平,与其同时代所接触的荷兰较为接近。

日本的幕府政权,并未"委托"荷兰人管理国家,其只是学习欧洲人的制度。彼时,美国海军佩里准将的"黑船"舰队要求开埠,日本被迫签订了不平等条约。如此情势,导致日本国内的封建阵营出现分化:中下层武士对德川幕府不满。这一群政府之内的武士外,日本原有的一批居住在城市里的商人(包括手工业者),即所谓"町人"——他们相当于欧洲的市民阶层,在欧洲商业革命的新资本主义社会出现时,也适当其会,参与了改组日本社会的任务。上述中下层武士和町人形成一批革新势力。他们要求改革,驱逐外国势力,洗刷被侵略的耻辱,实现富国强兵的梦想。白人的坚船利炮,正是他们所要学习的事物之一。

我曾访问过明治维新的"圣地"松下村塾,它位于日本本州岛最西端山口县的一个小村落里。松下村塾为明治维新培养了大批人才，它教导给当时武士的，是"尊王攘夷"的思想。当时日本人的理想，是要建立一个"天子制度"，以代替将军篡夺皇权的幕府政治。天子知人善用，出身贵族的士居于中间统治集团，一般老百姓在下面各司其职，安居乐业——农夫耕种，商人经商，但都不能做官。同时要学习西方的坚船利炮，来配合、维护这一制度。

换而言之，武士们改革后想要建立的理想模式，不是中国的中央集权制度，倒是和孔孟学说所假设的"圣王无为而治"的情形类似。所以说，日本人读中国的儒家经典，并未意识到其中所描述的是儒家的理想，而非春秋战国时期真正施行的制度。但他们歪打正着，将中西两方兼容并包，并且融合成功了。

明治维新主要由西南的两个强藩——长州藩、萨摩藩主导，后来以此两藩为基础，分别组建了日本的陆军和海军。明治维新最终的结果是幕府统治被推翻，还政于天皇；天皇复位但不执政，而是组建了新的武人政府，其中的官员，基本上是由武士们转换身份而来。同时，那些町人之中，出现了现代的商人，组织了有限公司（所谓"会社"）；而其中的一些成功者，就是后世日本的财阀。财阀、军阀的合作，将日本导向东方的资本主义帝国。

与日本发展的经验不同，中国始终没有完全模仿西方。清朝是个普世帝国，难以改造成以掠夺为本能的资本主义与帝国主义合作的国家。

由此可见，中国经济发展的过程，与欧洲、美国、日本的发展过程存在很大差异。美国的工业建设全是私人投资，只是在短期内，政府曾给予免税或减税，以资鼓励。但过了特定期限，就按照利润收税。

英国的例子则有所不同。东印度公司以后，英国也没有官方通过投资影响企业发展的模式。然而在中国，类似模式一直存在。我相信在中国近几十年的发展进程中，这一类的合作方式在所难免。

在所谓"第三世界"进入"第二世界"，"第二世界"进入"第一世界"，从发展中国家进入发达国家的过程中，如果纯粹以资本主义的自由经济而论，政府不应该干预；但几乎所有的发展中国家要进入发达国家之列，政府深度的投入几乎在所难免。"BOT"的现象在比利时等欧洲若干小国，无处不在。

从好的方面讲，政府干预经济的方式，可以逐渐走向国家社会主义。希特勒原来主张国家社会主义，让国家掌握了最大的一批生产资源，可以先迅速积累财富，然后由国家进行二次分配，实现"均贫富"的社会理想。不幸的是，希特勒政权只是利用国家社会主义，来完成独裁专制，而原本国家社会主义的理想，在发展过程中几乎掩没于独裁专制的政权之下。

很多事情实际上的善恶、好坏，差别就在毫厘之间。无论在制度还是行为上,人都不一定能控制其走向,处理起来要极其小心和谨慎。我所谈论的要点,是为了提醒大家,从纯粹的社会主义理想一直到国家社会主义之间,存在许多可能性。运用国家权力集中力量做事情,有其合理的部分——就如韩国经济的起飞,国家资本的介入培养了大批财阀。然而,正是这批财阀,垄断了相当一部分国家资源。其间的得与失,值得我们深思。

第五讲　近代世界的生成与中国商业文明

商品、银行、保险、海运、交易所……种种元素，就是今天环球区间贸易的基本要素，也是资本主义大国维持其国际贸易体系的基本环节。

中国内部的长江与黄河之间、华山与燕山之间的大平原上,以及大城市与大城市之间,这种大区间范围的商贸活动,在春秋战国时期开始活跃。因为,春秋战国时期是中国民族国家的形成时期。但是,在中国的广大区域之内,民族国家并未成为终极目标——列国并存的时期,只是从周代到秦代。

当时的中国社会,以农业为主,也有畜牧业、采集业。比如,在黄河流域、长江流域内部,并没有太多物资交换的需要,大家过着差不多的日子。这时候,需要的就是跨区间的贸易往来。如此现象,在考古学上经常出现。

中国内部主要分为以下几个大区:北部的草原,中部的黄河流域,南部的长江流域,东部沿海地区,以及西部和西南广阔的内陆腹地。因各地出产的物资不尽相同,也就存在广泛的交换需求:北部出产的皮毛,江南出产的丝绸,西部出产的宝石、玉、铜等,南部进来的各种香料及南海珍宝……如此丰富的物资,不仅在中国各区间内部流通,也分散于四面八方。

举例言之,从秦代到清代,中国的许多物品经过西向的陆上丝绸之路，输出到中东、欧洲，路程非常遥远，途中耗损很大。若是由十来匹骆驼，背上一千只碗，最终平安运达一半就算幸运的了。海上运输运量大、路程远，从中国的口岸，一路换船到红海上岸，然后走旱路运抵地中海地区——这是历史上中国瓷器的主要运输路线。红海边有一个地方，中国瓷器的残片堆积如山。在东非沿岸，许多伊斯兰教的建筑，例如清真寺、宫殿等，会用中国瓷器残片镶嵌，作为装饰。

以中国的立场而言，在过去很长一段历史时期，我们并不需要太多外来的东西。因为中国疆域辽阔，东西跨度很大，内部出产的各种物资足以自用，形成一个封闭的内部交换市场。中国的丝绸在全世界发展最早、生产最多，很大程度上是外销品。回程的商船，带来最多的是香料和珠宝。

进出口贸易之外，中国还做转口贸易赚取差额。比如生活在沙漠地区的人，需要南方出产的香料，经常就需要经由中国转运。这种远距离的区间贸易，中间路上的人赚得最多，海运转运因其量大、种类多，利润尤其高；当然，如果中途翻船或被劫，那也会血本无归。

相对而言，欧洲对外贸易的需求更大。比如，欧洲出产海盐的地方不多，所以很早就要从非洲进口矿盐；此外，欧洲还要从非洲进口铁，从东亚进口丝绸、皮革等等。

宋朝中国的疆域面积，只有今天的三分之一左右，但宋代中国生产的商品却销往全世界，与今日的中国一样。实际上，唐朝就是如此格局了：中国出产的铁器、铜器、瓷器、丝绸、手工艺品等，纷纷销往世界；同时，中国也进口橄榄油、木材、香料、珍珠、玉石等等。世界上的区间贸易，很早就形成相当复杂的网络。

旱路运输距离长、价格贵，适合运送轻便而有高附加值的物资。经由陆路的区间贸易，被中间商剥削了很多。

中国商人将货物卖给西边进来的商贩，比如以今天玉门关为界，中国出产的物品由此运往西域，北路走阿尔泰山，南路走河西四郡，进入新疆天山南北麓以后，此去就是帕米尔高原；往北去往俄国，往西经过里海、黑海到巴尔干半岛，向南经由波斯湾进入中东、地中海沿岸以及英国。如此长程的运输路线，中间一路增值，抵达欧洲时商货的价格就非常高了。比如，一匹绸缎运抵君士坦丁堡时，价格已经是它在中国时的五倍；运到罗马时，在此基础上又加了三倍；运抵西班牙时，售价已经是原来的九倍，到英国时是十倍。

有了海运以后，情形就大不一样了。一船商货从中国沿海港口被运到马来半岛转运，途经锡兰（今斯里兰卡）进入红海、波斯湾，一路顺利的话，就可以出直布罗陀海峡，被运送到法国、英国、爱尔兰。这条海运路线虽长，途中有可能遇到海盗，但它整体而言是比较安全的，载货数量也大。

这种货船，一路上还可以在马来半岛、印度洋乃至非洲地区加载货品。所以，从古罗马时代到民族国家时代，中西之间的货物往来，大概主要经由这条商道。当然，中间如果连船带货被扣，被海盗或当地驻军乃至政府抢劫，就血本无归了。

大航海、大商业与西方世界的大变革

及至蒙古大汗征服欧亚的大部分，其统治区域内有一条驿道，从大都直通欧洲：同一批商货，驼运、车载，一路换马不换人，或换人也换马。在大汗的领土之上，这条驿道比较安全，因为有蒙古军队驻防——地方当局收了税，就有义务保护通行的商旅。

这一条驿道走通以后，才有众所周知的马可·波罗[1]一类的行商，东西往来不绝。马可·波罗跟随叔叔沿着这条驿道，携带欧洲出产的物资到中国贩卖；又用货船装载中国的商

1.马可·波罗（Marco Polo，约1254—1324），意大利旅行家、商人，代表作品为《马可·波罗游记》（又名《马可·波罗行纪》《东方见闻录》），记述了马可·波罗在当时中国的所见所闻，该书后来在欧洲广为流传，激起了欧洲人对东方的热烈向往，对以后新航路的开辟产生了巨大的影响。西方地理学家还根据书中的描述，绘制了早期的"世界地图"。

货，经海路过东南亚、经印度洋，由波斯湾回到欧洲。他回去以后，就向西方人报告：大汗的宫殿何等壮丽，运河上的船只经年不息，中国出产的陶瓷、丝绸、香料、棉花、艺术品等等，由沿海港口行销世界。马可·波罗书中对于东方的描述如此令人神往，以至忽必烈汗和他的上都，都成为西方文学中的经典意象。例如，19世纪英国文学家柯勒律治就曾在梦中写作长诗《忽必烈汗》，可惜醒来未及誊写就被访客打断，只留下54行残篇。

马可·波罗的记载，也刺激了欧洲人绕开传统的中东的伊斯兰世界，开辟直接与东方贸易的新航道的动力。当时的欧洲人，已经知道地球是圆的；他们坚信，沿着一个方向航行，早晚可以绕到地球另一半的东方，到达蒙古大汗的领土。

哥伦布就是在这种动力的驱使之下，才有了西方人所谓"发现新大陆"。当时，他误认美洲为印度，所以称呼当地人为"印第安人"。哥伦布虽然没有真正找到去往东方的航道，却如此意外地发现了这片人烟稀少、未经开发的美洲，其影响之深远，改变了此后数百年的世界面貌。至于新航道，则是由麦哲伦[1]、

---

1. 麦哲伦（Fernão de Magalhães，约1480—1521），葡萄牙航海家。他受到西班牙王室支持，首次横渡太平洋，在地理学和航海史上产生了一场革命，证明地球表面大部分地区不是陆地，而是海洋；世界各地的海洋不是相互隔离的，而是一个统一的完整水域。这为后人的航海事业起到了开路先锋的作用。

迪亚士[1]等人打通的绕过地中海、红海的通道，东西方直接的远洋贸易就此展开。

在中古时代，欧洲最远程的大规模运输，是采办建造大教堂所需的石料。到十六七世纪，欧洲民族国家出现。面对如此长程的贸易，欧洲人开始思考：历时数年去往东方贸易，购买商船、采办货物、招募水手，以及往返途中众人的吃用开销，需要大笔资金，这笔钱从何而来？如果贸易亏损，或途中意外遭逢海盗、发生船难等，该如何处理？这就刺激了欧洲保险业与银行业的发展：银行可以向这些远洋行商提供贷款，或者以股东身份为其投资；海商保险，则可以为这些商船提供意外保障。

其实，当年从地中海到中东，跨过红海、波斯湾进入东方的传统贸易路线上的那些行商，也需要借贷。意大利的城市中，已经有了银行与保险业务，只是规模不大。随着寻找海上新航道的工作取得成功，欧洲人能够绕道好望角抵达东方，不用再经过被阿拉伯世界把控的地中海，贸易规模就迅速扩大。

这条新航道的终点是伦敦，在泰晤士河岸就有专门管借钱、存钱的银行家；当然，还有同步发展的保险业。所以，伦敦渐渐成为大西洋贸易中的"龙头"。

随后，就有了股份制公司与投资公司。其创始人认为，

1.迪亚士（Bartolomeu Dias，约1450—1500），葡萄牙航海家，曾经带领船队航行至非洲大陆最南端，并发现好望角，为葡萄牙开辟通往印度的新航线奠定了基础。

与其向银行借款，不如大家合伙在某种商货贸易上投资——如粮食买卖、酒类买卖、金银货物贸易等等，或者投资在海运所需的造船业上。

资金和保险问题解决以后，非常重要的是有关贸易的信息：往东方运一船货，需要先打听清楚一路上会不会发生战争，哪些港口适合停靠，哪些地方需要绕道避开，沿途各地的过路税如何收取，等等。

同时，参与海运贸易的投资人，其出身背景如何，他们的资金来源是否可靠，也是需要考虑的问题。同时，不断有商货进来，商货的价格也会随着进口数量的多寡而涨落——如果有几条商船返回欧洲的时间相隔太近，就要彼此协商，把时间错开一点，或者让有些船开到别处进行买卖。某种商货，其近期、远期的利益如何估量，作为投资者该如何选择，由此发展为股票交易所的雏形。

前述商品、银行、保险、海运、交易所……种种元素，就是今天环球区间贸易的基本要素，也是资本主义大国维持其国际贸易体系的基本环节。

随之而言，人们还要考虑货物与资金之间的比例：资金太多，货物较少，物价上涨；资金太少，货物太多，物价下降。于是，对于未来预期的投资项目——"期货"就出现了：人们可以投"空"，也可以投"多"。这些活动，从16世纪开始酝酿成型，到19世纪就已成熟。

长期顺差下的帝国商贸网络

历史上的中国,对外贸易一直是"顺差"。因为长期以来,中国出产的丝织品、瓷器是独家买卖;贸易数量之大,以至西方没有足够的货币支付这些物品的购买费用。所以,西方发展出两个解决办法:一个是以贵金属来代替货币支付,一个是用金、玉、玛瑙、珍珠、象牙等贵重物品作为交换——这些东西普通家庭不需要,但在中国有钱有势的人群中很受欢迎。

唐宋之际的中国,已经不只是商品输出国,也开始做转口贸易:例如,南亚热带地区出产的香料,运到北方的草原就需要经过宋朝。如前所述,宋朝虽然每年给辽国、西夏相当大数目的"岁币",然而宋朝与这些国家常年维持大量转口贸易,其所得足以冲抵"岁币"的支出,甚至还有盈余。这是政治、军事、经济三重因素叠加之下形成的特殊情况。

南亚出产的香料,是草原上民族吃烧烤类食物时所必需的调味料。所以,南亚的香料运抵宋朝,宋朝将其卖给辽国;但宋朝出产的铜不够用,所以辽国就以铜钱支付购买香料、丝绸、瓷器等的费用;同样,辽国还会将多余的香料卖给更西边、更北边的其他草原族群以赚取差额——这个"三角贸易",宋朝做得相当顺畅。

宋朝的财政状况，是国家很富裕，但政府财力有限。宋朝已经有许多工业，譬如说酿酒业、采盐业、炼铁业、织造业等，中国的产业收入整个加在一起，数量相当庞大。据郝若贝研究，单单以铁器而论，元丰年间中国的产量与18世纪欧洲的总产量几乎相等。所以，宋朝是当时世界性的工业生产国。宋朝民间工业发达，也是国穷民富的主要原因。

当然，政府为了保障自己的收入，设立了"榷"和"监"："监"，相当于今日的政府专卖；"榷"，就是关口，经由这些关口运送的货物都要收税。如此一来，民间生产所得利润，有一部分就被国家征收。但是，这些收入不用于政府运作，而是用来养活宗室与皇亲，以及一大批功勋后代。众所周知，宋太祖赵匡胤通过"黄袍加身"，取得了帝位；后来他以"杯酒释兵权"的方式，让功勋阶层解甲归田养老。供养这些功勋阶层后裔所需的费用，也是出自榷监所得的收入。

宋朝的皇亲贵胄与民间富豪，有多余的资金，可以购买南海来的象牙、犀角、明珠、玳瑁、珊瑚、玉石等等，他们手上掌握的资金进入民间，成为流通使用的铜钱及银锭；从事南海贸易的商家，以这批资金去购买丝帛、瓷器、制造品卖向海外。这是另外一个角度的"小三角贸易"。

中国出口的物品，如瓷器、丝绸等，大多数由官家管制生产、贸易，也有部分开放给民间自己处理。明清两代，对于进出口贸易的管制尤为不正常：明代是靠太监管理通商口岸的贸易与税收，官方禁止民间对外贸易。因此，有些民间力量发展成为纵横东亚的海盗兼海商集团，郑成功的父亲郑芝龙，就是其中的代表人物。

从宋代到清代，所谓私商、海寇不曾断绝。其原因在于，中国政府没有以足够开放的心态和制度，接纳南洋与西洋过来的贸易船只——这些外洋商人需要购买中国商货时，无处着手，于是中国沿海居民就在当地收罗丝帛、瓷器等外销商品，用小船只运到外海交给外商的大船。当时，沿海地区很多人已经与外洋接触得相当频繁。福建与广东耕地少、人口多，居民"下南洋"早已有之，他们也习惯与外商交往。

然而，中国古代认为这是未经政府许可的非法之事，所以称其为"私商"。这些民间商帮之间也存在竞争与冲突，愈演愈烈之下，有些势力进而发展为武装部队；除了收购商品以外，他们霸占海域、抢劫商船，于是就成为海盗了。这些商帮之间的冲突，主要发生在近海，称其为私商或海盗并不合理，我认为这是一种"海商集团"。

前述私商转变为海盗之后，明清政府防不胜防，所以干脆不许百姓下海，实施海禁。这种命令是行不通的：老百姓要求得生机，怎么可能不下海呢？远者要到南洋讨生活，近者要到沿海打鱼贩卖，将中国出产的商货交付给外国商人。

当时的日本，各藩之间纷争不断。有些藩侯失去自己的封地和产业，其手下的武士便无处可去。日本是个海上国家，这些武士就利用藩侯的港口与船只，开始介入中国私商、海商与西方商船之间的交往。日本人也买中国货，然后转卖给荷兰人——因为日本有个港口被荷兰人长期租借，与葡萄牙人租借澳门一样。

这些无主的日本武士要讨生活，中国沿海的百姓也要生活——既然有利可图，为什么不下海与西洋商船进行贸易？于是，这两股力量合流，与执行海禁的官府爆发武力冲突，甚至于侵入内地一路抢劫。

当时的中国政府，不了解国际贸易需要开放口岸，也不了解国际贸易不是由外国来进贡，而是由商人来贩货。对于这种情形，宋、明、清都不懂，这是很奇怪的事情。统治者并非没有与外商来往贸易的经验，中国习惯在边界的港口、关口直接由政府主持交货：政府也兼顾查看是否有夹带私货或偷运武器的情况发生。当然，清朝海禁有个很重要的缘故：郑成功占据台湾，常年谋划匡复明朝故国，清政府因此加强海禁，连日常的外商贸易也禁掉了。

康熙时代的中国，对外国的情形还比较懂，因为宫廷之中就有外国神父：他们画世界地图给皇帝看，中国贵人们也用西方的药品，治疗疟疾之类的疾病，还雇用西洋人主持天文台的观测。到了乾隆朝，对外面的情形就不清楚了。所以，这个时候又发生很严重的海盗、海禁的问题。

如此情形，使得明清两代无法与西方进行很顺畅的贸易。

新大陆发现以后，墨西哥开采的大量白银，经过中美洲在太平洋的口岸阿卡普尔科-德华雷斯[1]进入中国。美国从英国或任何其他地方购买中国商货，使用的都是墨西哥出产的银元。有时候，他们也将这些白银铸造成英国银元，再与中国进行贸易。

欧洲殖民者占领南洋岛屿以后，就取得当地的香料资源，再将其转运到中国。传统的对外贸易窗口广州"十三行"，从乾隆年间开始成为中国对外贸易的唯一港口；英国通过鸦片战争迫使清政府签订《南京条约》以后，中国才转为"五口通商"的局面：广州、福州、厦门、宁波、上海五处被辟为通商口岸，实行自由贸易。这种被迫的开放，不仅使中国感到屈辱，也不能控制物价，相当于在政治强权干预下开展非正常的贸易。

鸦片战争及其以后的一连串失败，使得中国开始明白：外国有很多商货是中国需要的，尤其是机器、枪炮、弹药、船只、车辆，而这些中国都不能制造。西方在十七八世纪工业革命以后，生产技术突飞猛进，这些工业制品已经成为西方大量输出的物资。

然后，中国的精英阶层开始发展自己的工商业：官方主持发展的主要是国防工业，譬如说江南造船所、马尾船政局、汉冶萍煤铁厂矿有限公司等，都创办于此时。民间也开始

1.阿卡普尔科-德华雷斯，始建于1550年，墨西哥南部港口城市，太平洋沿岸重要的出口港。

自己想办法,生产生活所需的轻工业制品:最开始是在纺织业,因为西方机器织出来的布,比中国手工织的布更为耐用、耐洗、匀称、平滑、漂亮,当然价格也卖得更贵。中国的民间企业,就从织布厂、纺纱厂和面粉厂开始,一步步发展。

无锡的民族工业资本

我的家乡是无锡,在近代历史上,无锡就是利用民间资本建立了以纺织厂和面粉厂为主的民间轻工业。无锡及太湖周边,都盛产稻米和丝绸。在江南一带,稻米最多可以做到一年两熟。人们在春天养蚕,而后剥茧抽丝加工为丝帛——这些工作在过去全靠手工,或者辅以简单的机械;后来,无锡的企业家购买外国机器生产,效率和品质就提升了。

无锡的士大夫与苏州、常州的不同,从明末以来就注重实学而不重科举。同一个家庭里,有人考科举,有人研究数学或其他学问,还有人专门经商。无锡有一批能干的商人,他们看到这个机会,就和当时一些掌握资源的民间的有志之士结合在一起了。

建设现代化的工厂,首先就要筹措资本。东南一角的太湖流域，盛产的稻米要销往全国各处，就需要粮仓集中售卖。无锡有个小岛叫黄埠墩，四周环水，不许有任何有火种进去，地扫得干干净净，上面就有许多存放米粮的"仓厅"——老百姓采收稻米以后，将稻米送到仓厅储存；同时会取得一个收据，注明储存了多少石、什么米；老百姓需要用钱时，就可以去仓厅支取现金。这种仓厅，相当于一个"整存零取"的"米银行"。仓厅的另外一个功能，是在春耕期间支付农业生产所需的现金。这种制度之下，仓厅就有大批现钱可供周转。

同样，江南还存在类似仓厅的"茧行"：农户在刚刚孵出蚕的时候，如果需要资金购买设备、雇用人工，可以找仓厅预支；等到蚕宝宝长大，吐丝抽茧，再将蚕丝卖给茧行。而茧行收购蚕丝的资金，也是向仓厅借取的。

于是，仓厅大批的现金，就以这种方式支付了农户不同季节所需的费用；剩下的还有一大笔钱，放给附近的钱庄经营，收取利息。后来，钱庄与仓厅发展为两个招牌、一套班子，或者两批班子合作经营这一批现金的局面。

无锡的荣氏兄弟，原本是城外荣巷市集的钱庄伙计。他们看见仓厅之中大量的资金来来去去，就从仓厅借贷资金购买机器，开办织布厂和面粉厂，由此发迹。到最后，荣家成为中国富豪里面的头面人物，其企业遍布全国，有十几个工厂。无锡像荣家一般经商致富的家族，大概有七八家——如今最大的一家是唐家，唐炳源曾被誉为香港的"纺织大王"。唐家的特色，是他家的子弟都从中国或美国的学校，学习经营或技术。因此，这些人学成以后，就可以直接主持家族企业，无须假手职业经理人。现在，唐家在美国的子孙唐骥千，就是非常能干的经营者，其事业已经不限于钢铁，可以说是多角化经营，非常成功。

回顾前尘，故乡无锡曾经出现了三四代成功的企业家。他们对中国工业的近代化，有极大的贡献；同时，对无锡的地方建设，也与有功焉。今日，在一个世纪以后，这些能干的无锡企业家族，却已纷纷没落。像上述唐家能在海外另辟天地，乃是异数，抚今追昔，感慨万千。

第六讲　世界贸易体系的形成及兴衰

人类该如何设计一套合理的政治制度？这一问题从西方的柏拉图时代以及中国的春秋战国时代一直讨论至今。以中国的历史经验而言，政治制度需要应当时当地的现实情况，不断做出变化——世间没有适应所有不同地区、不同发展阶段的完美制度，世间没有"万能药"。

18世纪时的北美洲有英国、法国的殖民地，中南美洲有西班牙的殖民地，美洲的白银和物资，为世界经济增添了强而有力的新动力。及至1776年《独立宣言》通过，美国正式宣布建国，则又开启了一个新的时代。

殖民地、工业生产、全球市场的新时代

当时，西班牙人在今日的墨西哥境内发现银矿，他们以这些银钱采买美洲以及沿途太平洋岛屿的香料。后来，甚至还会贩运鸦片到中国出售，再换取中国的丝绸、陶瓷、铜器、南京布乃至雕塑、绘画等物产到欧美大销。因此，中国也会根据欧美市场的需求，比如在瓷器上绘制西方人喜欢的花纹——通常是在内地景德镇等处订购瓷坯，运抵广州、澳门再绘制花纹、烧制，而后装船运抵欧美。如此贸易网络，就是今日区间贸易的基本形态。

等到全球性经济活动扩张到一个地步，手工生产供应不足，就进入机器生产的工业革命时代，以蒸汽机为动力的纺织机等设备纷纷出现。于是，欧美的工业制品行销全世界，中国产品很快失去优势。但中国仍旧是巨大的市场，只是此时欧美不一定依靠西班牙或墨西哥银元采办中国物资了。欧洲织布机生产出来的布料，比中国手工生产的布匹更为紧而厚，欧洲机器生产的铁器比中国的好，甚至德国、英国烧制的瓷器也可以卖到日本、印度、马来西亚。到今天，英国的骨瓷[1]还是欧洲瓷器之中的上品，其价值高于中国瓷。如此情势下，传统东西方的供求关系就倒过来了，中国长期保持的贸易顺差被逆转，曾经赚取的大量白银不断支付给欧美国家。

印度的鸦片，本地人将其当作麻醉剂用，中国人则视其为药物。经过西方人的推广、引诱，从18世纪晚期开始，中国吸食鸦片者随处可见。这也加剧了中国的白银外流。从此，历史上维持了1000多年的东方生产、西方消费的局面，被颠倒过来了。

与此同时，帝国主义开始争夺原料，也争夺市场。中国市场最大——当然，印度人口也不少，但印度没有中国富有；日本市场也不错，可比中国小很多；除此之外，整个东南亚市场也不小。所以，欧洲资本主义国家开始争夺非洲的

1.骨瓷，"骨灰瓷"或"骨质瓷"的简称，18世纪发明于英国，因在黏土中加入牛、羊等动物骨粉而得名，是世界上公认最高档的瓷种，曾长期是英国皇室的专用瓷器。

钻石、印度的鸦片、东南亚的香料，以及各处的殖民地和港口。马六甲本就是印度洋上的重要港口，迅速发展为当时南洋的第一大港，新加坡的位置也越来越重要。西班牙人占领吕宋[1]，荷兰人占领印尼的雅加达，葡萄牙人租借了澳门，英国人占领整个印度作为殖民地，也占领好望角作为转口港，鸦片战争以后又割占了中国香港。

殖民地的港口、人力、物力，欧洲的工业化大生产，加之前所未有的广阔市场，这套商业体系使得欧洲迅速发展为世界强权。以此为"本钱"，西方国家可以生产更好的机器、轮船、枪炮，一跃成为世界的霸主——这一霸主地位，从西班牙转到荷兰、英国，最后发展为当今美国主导的世界格局。

石油、黄金优势支撑的战后美国霸权

二战以前，中国长期积贫积弱，五个对外通商口岸的税收和货币，都被西方人"卡脖子"——每年中国海关税收的绝大部分，都用于赔偿八国联军侵华以后的"庚子赔款"；同

---

[1] 吕宋，菲律宾古国之一，即今菲律宾群岛吕宋岛的马尼拉一带。

时，只能以英镑作为全球货币结算的统一标准。

二战以后，世界性的经济秩序发生了很大的转变。号为"日不落帝国"的英国，其霸权在二战期间遭受极大挑战和损失。战争结束以后，世界霸主的称号从欧洲转到美洲新大陆。美国本身占有石油、黄金两种资源优势，布雷顿森林会议以后，按照布雷顿森林货币体系[1]，美元成为国际结算的唯一通用货币。后来，美国干脆废除货币准备金制度，纯粹以美元本身的信用发行货币：这就相当于美国开了一个赌场，进来的国家都需要购买其发出去的筹码（美元）参与赌局；可是，这个筹码的发放量，理论上是无限的。

二战以后至今，美国霸权维持了近八十年，其间出现的挑战者：苏联在与美国抗衡相持四十多年后，最终解体；日本的经济总量一度跃升为世界第二，在美国的打压下陷入"失落的三十年"。近年来，欧洲列国在美国的高压之下，要以经济制裁来压服正在崛起的中国，这种行为非常不合理，将来美国会吃大亏。

首先，中国不一定会屈服；其次，中国单靠内需、内销，即可维持一个相当大的平衡体，自己关起门过日子。美国

1.布雷顿森林货币体系，二战后以美元为中心的国际货币体系。1944年7月，西方主要国家的代表在联合国国际货币金融会议上确立了该体系，因为此次会议是在美国新罕布什尔州布雷顿森林举行的，所以该体系被称为"布雷顿森林货币体系"。

的小商品,从匹兹堡安迪·沃霍尔博物馆的旅游纪念品,到阿巴拉契亚山脉乡间村镇的日用品,许多都是"中国制造":美国企业远洋下单,由中国义乌等地的小商品市场生产,其效率更高,成本更低。中美两国,合则两利,斗则两败俱伤。如果某天局势失控发展为核战争,大家只能一起"退回新石器时代"。

所以,美国以政治制度为理由压迫中国经济的行为,是非常不智的。即便在西方通行的政治协议制度中,美国式民主制度也有其缺陷,更不是唯一选择——美国今天无法解决的枪支泛滥、毒品泛滥以及基础设施落后等问题,在多重政治博弈之下,以民主为借口的"不作为",已经对整个国家造成了持久而深入的伤害。

拜登当选总统后,特朗普支持者冲击国会的事件,不就是民主制度之下的误区吗?人类该如何设计一套合理的政治制度?这一问题从西方的柏拉图时代以及中国的春秋战国时代一直讨论至今。以中国的历史经验而言,政治制度需要应当时当地的现实情况,不断做出变化——世间没有适应所有不同地区、不同发展阶段的完美制度,世间没有"万能药"。我们不能假装眼前的问题不存在,忽略背后长程的文化因素、人的因素。

但情势已经发展到如此地步,我希望中国要冷静、理性地处置。有些商品美国不让中国卖,中国还可以开发一些美国非买不可的商品；美国限制对中国的芯片、技术输出，中国何尝不可以借此机会自主研发，实现自身产业技术的升级？中国人口众多，中国人吃苦耐劳，其中的聪明人不在少数，大家齐心协力，总会为当前的困境找到一条合理的解决途径。

近二十年来，中国上升速度惊人。面对当前的挑战，也希望大家能记住：国与国之间的竞争是"长跑比赛"，更需要的是长程的耐力，而非短期的冲劲儿。中国当前的发展，有一点令我甚为担心：过于快速地都市化。在此期间，中国几乎无偿供应土地、水和其他资源给外资厂商，他们凭借非常低廉的劳工成本及优惠的税收政策，赚取巨额利润。与此同时，中国也付出了极大的环境成本，尤其是许多土地和水源被占用、污染。

但是，任何国家都应该首先保障粮食安全，最好能自给自足——如果这件事情被"卡脖子"，那么会造成巨大的恐慌。

所以，我在此建议：中国要在国内生产若干必需的农产品。我们至少要做到，能够供给自己所需粮食的七成。

当然，我们可以在人口稀少的地区，开发新的农田、新的农业形态；以特殊的政策安排，吸引一批人投身其中，将传统农业转为现代农业。但是，我不建议中国完全走美国式的大机器生产路线，大田广种、机器收割，固然看上去效率高，但也耗费了数量惊人的土地资源——我在《许倬云说美国：一个不断变化的现代西方文明》这本书中，对此有专门的论述。

中国的很多产业，是为"苹果"等世界性高端科技企业代工生产高附加值的商品的。中国的研究者以及工程师，有机会参与研发、生产，但自主程度还不够。我们要投入更多的人力、物力、资金，发展出属于自己的产品、品牌，抢占高端市场。代工永远是"二把手"，受制于人。例如，华为、台积电，都是值得我们中国人骄傲的企业：它们生产的产品行销全世界，但是有些核心技术是在外国发展出来的。例如，光纤通信技术是华裔科学家高锟在美国开创的，后来他曾就任香港中文大学校长。可是，他拥有的光电技术专利权在美国。在研发战场上，我们要尽力而为之：第一，要多头并进；第二，要不吝高价——重赏之下必有勇夫，一个重大的研究成果，参与其中的绝大多数人往往"行百里者半九十"，这种代价中国必须承受，也一定要找到忍得住、能"撑过去"的人。

并非只有自然科学、应用技术领域才需要"研究氛围"，任何项目都需要有人能主动地思考、深入地思考。我们应该设立一套合理的竞争机制，发动许多企业及技术人员的力量，参与其中，实现技术上的创新突破。灵感来自"电光石火"间，这就要求大家能够面对问题，承受刺激，做出反应，寻找新的方向。我相信，如此压力中国人承受得住，也能做得好。

几千年来，中国长期领先于世界。不幸的是，明清时代的中国进入皇权最为专制的时期，又恰逢西方快速崛起的阶段。接着就是近两百年来的轮番败绩。面对当前的挑战，中国不应该再败下阵来：面对西方的制裁、压制，中国要面向潮头冲过去，更好地发展自身，以自身的智慧、能力进行抵抗，这是正道。

当然，更要紧的因素是"人"。未来世界的竞争，是人才的竞争。中国要教育人才、训练人才，创造一个良好环境，能留住人才，使其有机会发展才能。比如，要训练一个优秀的商人，不能让他从商学院一毕业就直接进入企业竞争，再也不出来了，而是要常常出来学习，不断在就业和学习两种状态中进行切换。

今后人类科学的发展，要进展到寻找新能源，以至能进入外太空寻找更多的可能性——这不是几十年的短期竞争，而是以百年为单位的长程竞争。

竞争不是为了相互淘汰，而是彼此整合

我希望竞争不是为了相互淘汰，而是彼此整合。最终，全世界能和平地整合为一体，人人有贡献，人人得利益。我希望各国能控制竞争的幅度，不要演变为战争。战争会将过

去的努力统统一笔勾销,我身历战争之苦,希望人间不再有战争。

我希望如此情形,只是我的一个担心或噩梦。但噩梦也能令我们警惕,提醒我们不要强出头、不要自满、不要骄傲。换个角度而言,竞争对手是在刺激你,是在跑道上陪你跑步前进的人。有"陪跑",能让我们跑得更快、更好。

以上建议,是一个身居海外的老年人,对故国的逆耳忠言。我希望中国的老百姓以及决策者,能够好好思考上述问题。

第七讲　全球化贸易的世界格局

其实技术发展到今天，任何高科技产业都是一盘向全世界摊开的棋局，各项专利套在一起，脱不开、切不断。全球经济已经拴成一块，因为技术的发展、创新，都是相互绑定、齐头并进的局面。

当前的全球经济一体化，是在美国三十多年来的主导之下，大家共同推进的结果。

二战以后的世界经济格局

二战以后，整个欧洲市场垮了，日本的工业也被摧毁殆尽，经历过抗战、内战的中国百废待兴。所以，美国成为世界上唯一的大生产者。美国将其生产系统纳入欧洲与东方的战后重建与经济复兴，成为其间的中心力量。于是，美国面向全球市场提供商品，取得其劳力及各处的资源，世界形成"单一主角""多重配角"的局面。

因此，美国经济迅速发展到巅峰。然而，欧洲也出现了新的经济力量，尤其是德国经济迅速恢复到相当强大的程度。原因在于，德国在二战后期遭受了毁灭性的打击，但这个国家的科学家、工程师和劳工都非常优秀，其工作意愿、工作纪律都是第一等的。此外，法国、英国的工业也很快复兴。以这三个国家为核心的欧洲集团形成以后，就成为美国这"唯一主角"的挑战者。其后果是，美国只好在一定程度上接纳它们并与之融合。

另一方面，经过美国三十年的提拔，日本作为东方市场的生产系统，接纳了许多美国的产业转移，也为美国输送了一批相当优秀的技工和工程师。

曾经由美国主导的世界经济关系，转变为美、欧、日三角对立的局面时，美国觉得局面不如过去那般容易掌握，就联合六个主要工业国家，在1976年成立G7[1]，大家共同协商政治、经济等方面的全球议题。

这中间有个很重要的插曲，是日本的工业、商业发展非常迅速，其汽车工业发展之快尤其令人震惊。在此期间，日本以其庞大的资金，在外购买房产，或者开设诸如八佰伴、西田百货一类的大卖场。如此情势，使得美国对日本大为妒忌，以至开始防备。

20世纪80年代，美国开始压制日本，直到今天，日本还是爬不起来：海外的大卖场纷纷关门，日本的汽车厂被迫到美国设厂生产；而且，美国以"共同生产"的名义，夺取日本的

1.G7，即七国集团，是七大工业国家会晤和讨论政策的论坛，成员国包括美国、英国、法国、德国、日本、意大利和加拿大。1997年俄罗斯加入，G7转变为G8。2014年由欧盟主持的七国集团领导人会晤，将俄罗斯首次排除在外。

的生产技术专利权。美国对日本的压迫与控制非常强烈，因为美元是世界上的主要货币：美国多放出一美元，市场上就多一美元的资产；而另外一方面，美国就要负担这一美元所增加的周转的风险。

1978年12月开始，在邓小平的主持下，中国进入改革开放的新时期：主张放弃教条，引入大量外来资金开展工业生产，融入世界经济发展自己。从那时候开始，美国就将中国视为挑战者。美国打完越南战争以后，一方面和中国建交，承认中华人民共和国政府是中国唯一合法的政府；同时，对中国也存在防备：中国既是"竞争者"又是"挑战者"，"竞争者"是善意，"挑战者"则是恶意。

从基辛格开始，美国一改过去"围堵中国"的政策，而变为与之共谋发展，如此维持了相当长时间的友好局面——当然，其间也不乏1996年"台海危机"、1999年美国轰炸中国驻南联盟使馆的重大危急时刻。到希拉里担任国务卿时，就主张要压制、控制中国这个竞争者，她重组美国、欧洲与日本的关系，以增加手头的筹码。前总统特朗普与现任总统拜登，基本上也延续了希拉里的对华政策。

以上是二战至今，世界经济的基本面貌，美国在经济上始终是引领者和主轴。因此，美国经济制度本身的问题，也就需要着重讨论。一个是从罗斯福新政[1]以来，美国走向社会主义与自由经济的混合之路——这一道路，至今尚未走完。罗斯福原本的用意，是想寻找一条超越共产主义与资本主义之外的"第三条路线"，即以英国温和的社会主义作为主要参考对象，结合自由市场的一些条件，构成一种新型的劳工与雇主之间的关系：既开放又受政府制约监督，使二者间不至于产生太大冲突。

从一战以后的罗斯福新政开始，美国几经起伏，在国际上不断遭遇新的挑战者，例如德国和日本。更重要的是，美国国内工业发展以后，需要大量劳工，这些劳工主要是来自欧洲的移民；同时，美国内陆大规模的农场使用大型农业机械作业，极大提高了美国农业生产的效率。如此，美国的农业基本上发展为一个"农工业"的独特状态。

农工业需要劳力，工业生产也需要劳力。在罗斯福新政时期，美国劳工阶层觉醒，使得工会非常迅速地成为经济生产中的一股重要力量。回溯其来源，在英国组织温和社会主义的时候，当时的工会就是劳工集合力量，以谈判、罢工作为手段，争取自身利益的组织，与共产主义并没有关系。

---

1. 罗斯福新政，指1933年富兰克林·罗斯福就任美国总统后所实行的一系列经济政策，其核心是三个R：救济（Relief）、复兴（Recovery）和改革（Reform）。救济主要针对穷人与失业者，复兴是将经济恢复到正常水准，针对金融系统的改革则试图预防再次发生大萧条。新政以增加政府对经济直接或间接干预的方式，大大缓解了大萧条所带来的经济危机与社会矛盾。

美国在近代，一直有激烈的劳工运动。二战以后，大量解甲归田的军人进入工厂，更是不断组织罢工。1957年，我来到芝加哥大学读博士时，就曾目睹煤矿工、钢铁工、铁道运输工、货车运输工以及码头工等群体组织的大规模罢工。这些不同产业的工人结为联盟，一个行业罢工到一定的阶段，其他行业的工人也会加入进来。我见过那次几乎使美国完全瘫痪的罢工场面，真是令人震惊。面对如此庞大的力量，美国政府在延续罗斯福新政时，还相当迁就工人运动。因此，面对工人们所提出的条件，政府及企业几乎有求必应；同时，社会福利观念也在新政后延续下去——对于就业的人，政府要求企业保障其基本工资水平；对于失业者或"老弱病残孕"群体，国家都给予一定程度的照顾。

当时，我还亲身经历并深度参与了以非裔及拉美裔美国人为主体，以族群解放、族群平等为目标的"民权运动"。本来这些群体较为弱势，其工作待遇也就比较差；如果加入工会，他们就更容易找到工作，也能更好地保障自己的权益，避免被歧视。所以，这批人就不能不"随大流"，工会力量也就更为强大——于工厂主或投资者而言，也就意味着工资以及福利上的支出快速增长，生产成本迅速提高。

在这种局面之下，主导全球经济的生产者，居然因为成本过高，逐渐无法承担大规模工业生产的任务，因此不得不将这些工作转移到欧洲、日本、韩国甚至中国台湾。台湾之所以有机会快速发展自身的建设,也是在这股产业转移的潮流里得到机会。如此情况,使得全世界各处的工业水平、经济活跃度都大幅提升,人民生活的水平也有很大提高。

1990年以后,"全球经济一体化"(Global Economy Integration)成为最响亮的口号。其后果则是,美国要放弃它一家独大的霸权。随着时间的推移,在种种复杂的局面之下,全球经济的内部结构发生很大转化。到了"特朗普时代",它就近乎解散状态了:特朗普打算让美国退出联合国,号召"美国优先",主张制造业回归美国;但是他忽略了一点,美国的人工成本已经远超其他国家。现任总统拜登,延续特朗普的政策压制中国,也是因为同样的理由。然而,世界经济的大流不能长期停在"蓄水库",必然要分散到各处。

拜登是个老政客,他熟悉国会里面的谈判、让步、将就、协商,但居然不懂得世界局势,更不懂得时代潮流。所以,他才接受不了各大国之间平等协商、友好合作的机制,执着于维持美国一家独大的霸权。美国接受高等教育的人数及水平固然领先于世界,可是欧洲、中国、日本的教育基础都不弱,这些年工业技术发展的速度不比美国慢——尤其中国突飞猛进,走得很快。

美国有些政客认为:中国这些年的快速发展,是因为窃取了美国的技术专利。其实技术发展到今天,任何高科技产业都是一盘向全世界摊开的棋局,各项专利套在一起,脱不开、切不断。全球经济已经拴成一块，因为技术的发展、创新，都是相互绑定、齐头并进的局面。

如上分析可见，世界的局面已经走到此处——大家都是拴在一根绳子上的蚂蚱，除非"一起跳"，否则谁都"跳不动"。美国以为自己是"头号蚂蚱"，其他国家会跟着它"跳"；可是，如果美国"往前跳"的时候，其他国家"往回跳"，美国非被拉下来不可。只有大家进一步形成协商机制，展开合作，提高全球工业生产的总优势，作为"领头羊"的美国才能得到最大的利益，拜登政府不懂得这个道理，如此对抗下去，可能战争还没开始打，经济便已经垮下来了。

中国内部可调整之处也有很多，而且调整空间很大，因为中国政府掌握很大比例的资金，土地、水源、油气、矿产等自然资源也都属国家所有，中国所掌握的筹码，其实很大。

所以，在当前如此的国际情势下，美国必须调整自己的对外策略：不能再延续斗争思维，而应多做协调的工作。时至今日，美国还是看不起欧洲，其实除了业已脱离欧盟的英国没落之外，德国及其东欧、中欧的支持者，已经逐渐形成一个小型共同市场——德国领导下的这一经济共同体，其实力不可轻视。法国虽然本钱越来越少，但是它与德国保持着政策一致性。所以美国现在与中国为敌，将来势必要与欧洲对抗。如此发展下去，美国将把自己变成孤鸟一只，现有的霸权不可能再维持下去。

资本主义经济及其当前危机

凯恩斯主义[1]是20世纪30年代"罗斯福新政"期间,美国总统罗斯福采用的一种经济理论。过去的经济理论认为,货币是凝滞不动的;凯恩斯则认为货币本身像水流,它不是藏在地窖里的金子、银子,而是可以循环周转不断产生价值和利润的。所以,凯恩斯的货币理论,强调人与人之间的交换行为,衡量这种交换行为的标准就是货币。而货币必须流通,流通得越多,其发挥的作用越大,经济活跃度越高,产生的财富也就越多。

几年前,托马斯·皮凯蒂[2]写了一本很重要的书:《21世纪资本论》。这本书检讨如今的自由市场经济,也就是资本主义自由交换的经济社会中的危机。皮凯蒂认为,如果到了某天,货币的流通在特定的场合之内非常迅速,就可能产生很大

---

1. 凯恩斯主义,又称"凯恩斯经济学",是由约翰·梅纳德·凯恩斯及其门徒发展而成的一整套经济思想。它主要分析消费总量和收入总量的因果关系,认为总收入等于总消费加投资;如果储蓄的每一次增加不被新的投资所抵消,收入就会下降,失业率就会上升。
2. 托马斯·皮凯蒂(Thomas Piketty, 1971—),法国经济学家、巴黎经济学院教授,他在其著作《21世纪资本论》中对过去300年来欧美国家的财富收入做了详尽探究,通过大量的历史数据分析,旨在证明近几十年来,欧美社会不平等现象已经扩大,很快会变得更加严重。

的风险。譬如说，在华尔街的交易所之中，某家交易公司在替若干客户管理资金。它手上有一笔基金可以买卖，其投资记录登记的权限在这家交易公司本身。假如交易公司运用手中的特权，以同一笔资金同时做四五次投资——每次投资都间隔一点时间，在前面的投资还来不及撤销或改变的时候，后面的投资就登记进行了，等到资金拿回来，马上就抵消了它已经理论上付出去的那笔钱。所以，如果交易所无法控制如此快的投资速度，在同时向几个方向投资的局面之下，一笔钱可以在许多处做许多次的用途。这一技巧用得好的话，一个交易的代理人的资金使用率可以出奇地高，如同一个优秀的魔术师，手上可以同时有十来个瓶子不停转动，而不用担心掉落摔碎。

假定有个经纪人，他拿了客户100万，按常理他可以用这笔钱为客户赚8万块，但是他用上述方法，短时间内多次重复投资，赚了58万。他将其中一部分利润分给其他几家客户，自己还能赚二三十万。

所以，在凯恩斯主义之下，掌握货币的人，过手就能创造财富。但是，皮凯蒂认为这是个金融缺陷，因为没有人能控制这一速度，也就是说，没有人知道货币流通的最大限度在哪里。今天无论是以凯恩斯主义来决定政府的货币发行量，还是以此决定交易所的最大交易额，都会因为这个"流转理论"而导致极大扭曲。

凯恩斯主义是让市场做主，决定资金的来路与去路。资金代表什么？资金是以一个符号来代表货币。货币其实也是符号：最初的货币是金、银等贵金属。在中国，帛也曾经是通用货币。唐朝以后，中国的货币主要是铜币与银钱。及至近现代，各国货币统一为金本位，以所存储的等价黄金作为该国发行货币的资金保证——德国的马克，日本的日元，英国的英镑，法国的法郎，美国的美元，这几个主要国家的货币结合起来，都采用金本位制度。二战以后，美国独霸世界时，就直接废除了金本位制度，而以美元作为全球货币的基准。于是，全世界唯一的资金来源就是美国了。可是，最近一两年来的情势，使我们理解，美国本身使用货币，无论于公于私都过分松烂，以致美国国家的债务，几乎到了无可救药的局面。美国却在此时，希望世界各国购买其债券，替美国负担这一浪费资金的严重后果。

过去的资金流转很简单，就是在股票市场与货品市场。所谓"货品"，指的主要是食粮、矿产这类产品。美国的货品交易市场在芝加哥，证券交易市场在纽约华尔街——其他各国也都有类似的市场，例如英国伦敦、日本东京，以及中国的上海、深圳、香港等地，不过美国市场是"龙头"。

在当前快速信息化的时代，对资金的使用可以做到就像魔术师抛瓶子一样，好的魔术师可以同时抛接12个瓶子，令其一直在空中转，维持一个动态的平衡。美国领导的全球金融，和这个模式很像。

我推荐大家看皮凯蒂所写的《21世纪资本论》，他在书中指出了凯恩斯主义的缺陷。皮凯蒂认为，凯恩斯主义是以流通货币的观念，来代替古典的货币观念。在古典时代，货币流通是相当有限的——或者存在家里枕头底下，或者存在保险柜之中，或将其打造为金银器，或用其购买艺术品、貂皮大衣等奢侈品。如此情形，导致市面上资金的流转有一定数量，不会超过太多，流通速度也很慢。

欧美式的市场，本来就有较长时期的资本流转的金融体制。尤其有了电报以后，西联汇款[1]这一类公司与华尔街几乎同步出现。从此以后，各地的资金分布、盈亏都能很快计算出来并实时更新。到了今天，资讯科学如此发达，对资金流向的讯息更新就更为及时。所以，对掌握资金的人而言，其手上资金的使用方式，可以如同前述"魔术师"的操作，同样一笔资金在金融系统里面，可能会被以十倍的杠杆使用，也就构成了资金本身的"空洞化"。如此一来，资金流转、使用的速度超出我们的想象，而且在这个资金流转系统没有崩溃之前，没有人知道。

换言之，拥有资金的人，同一笔钱他可以投资十几次，赚十几次利。过去美国控制有钱人收入的方式，是增加个人所

1.西联汇款，国际汇款公司（Western Union）的简称，迄今已有150多年的历史，它拥有全球最大、最先进的电子汇兑金融网络，代理网点遍布全球近200个国家和地区。

得税:所获愈多,需要纳税的比例愈大。但是,如今很多财富已不在个人名下,而是登记在信托基金名下。许多信托基金设立的目的是避税,其真正的主人则借由复杂的金融、法律手段,在背后操控。当今世界,这类基金所掌握的资本数字之庞大,令人难以想象。

凯恩斯主义认为:资本如果不进入市场周转,几乎就等于不存在;其流转得越快,产生的效用越大,对经济的刺激性越强;市场上能凭借背靠的资金融资,就越来越方便发展壮大;饼做得越大,每人分到的就越多。

凯恩斯的这套理论,与流体力学颇有共通之处:同一个流体,它转动的速度越快,发挥的效用越大。银行、交易所以及私人成立的信托基金加在一起,是世界上最大的财富集中处。这些天量的资本永远在流动,天天在经营。到后来,经营者赚的钱越来越多,也越来越多地掌握全世界真正的财富:土地、农产品、工产品……同时,这些产品在市面上的价值越来越大,也就是说,后来者要用这些资源的时候,要付的代价就越来越大。所以,前人赚钱后人负债,是这套制度最大的弊端。财富和资源永远倾向于胜利者,财富分配永远不均匀,物价永远在上涨——然而,这个上涨,其背后是空的、假的。

第八讲 未来世界的几个方向

人类能够相聚在一起,成就一番事业,是靠人与人的合作,不是靠人与人的冲突,更不是靠人剥削人。错误的时代是"我征服我的敌人,我毁掉我的敌人",未来的时代是成全每一个人。

当前的世界，正从全球经济一体化的合作，发展到美国感受到中国的挑战和威胁后，采取了各种竞争性乃至打压的政策。经济、政治领域的冲突，或许有可能发展为战争乃至极端的核战争；当然，也不排除经济竞争导致全球经济崩溃。

日本在20世纪80年代发展到巅峰，之后几乎被美国压制到经济崩溃。到最后，美国才不得不放日本一马。尽管有所谓"失落的三十年"的说法，但日本的潜力远比表面看上去的要大得多。中国如今面临与当初的日本相似的境况。但是，拜登压制中国的策略，是个极其错误的策略。

未来的世界转眼就到眼前，全世界的经济都走向转弯之时，美国的经济霸主地位正在被动摇。美国该怎样适应？该如何与其他国家共同协商，组建新的世界秩序？这都是必须且立刻要做的事。中国身处这一旋涡之中，也不能置身事外，更要在其中扮演相当重要的角色。所以我们必须很慎重、周全地考虑，未来将会是什么样的世界。再回到整体，全球性的经济一体化事实上已经存在，将来很可能没有一个国家发货币，货币流通摆脱国家的限制，脱开政治的干涉，这是极有可能的事情。到了那时，世界就真的分不开了。

第八讲　未来世界的几个方向

工业革命以来，世界经历了多次转变。以能源为例，从蒸汽机烧的煤和木柴，发展到内燃机燃烧的石油，到电出现以后，许多机器、设备使用电力驱动——直到现在，化学能、风能、日光能等都可以转化为电能。过去的农产品是直接从地里种出来的，现在的农业生产则非同往日：杀虫、品种改造、肥料使用、农田经营等，都有一套系统且成熟的流程，在美国则是大田广种代替了过去的"精耕细作"。

从工业革命到现在，几经沧桑，我们将要面临什么样的世界？先从几个大的方向来说。

第一，将来的世界，不能是一个国家关门做买卖，人类必须生活在全世界共同进入交换和合作的大格局之下。这一格局需要大家互相合作，因此大家必须彼此容忍；今天美国作为霸主引领全球的局面，或许会转为多元合作、协商共赢的新秩序。近二三十年来，出现的世界贸易组织、区域性的免税协定等等，其实都可以视为这一趋势的先兆。拜登总统对于这种组织很珍视，可是他不能忘情于美国世界政治、经济、军事霸主的地位。此外，美国的企业家也咽不下这口气——过去那么多年，美国都是"赌场上的庄家"，如今居然要转为众多"庄家"之一。这些都是在制度面上需要被大家审视清楚，无可避免、迟早会发生的事情。所以，如何加强世界贸易组织，如何缔造许多区域性的合作条约，具体以什么方式来执行，都有待讨论。

第二，从工业本身的发展方向来看，全球贸易的主要商品从天然货物到塑胶类、石化纤维、合成品，我们获取的原材料与过去大为不同。举例而言：黄豆除了直接食用，中国人还知道如何将其制成豆腐、豆豉、酱油，但是谁能想到可以将黄豆制成纺织品纤维，汽车与船只的外壳，乃至家庭日用品的生产原材料？这都是过去意想不到的事情，然而它正在发生。

人类对自己身体的了解，也越来越清楚。如何调节人的身体结构，加强营养、治疗疾病？种种需求，使得与医药生产相关的生化行业都有了巨大的进步，甚至于人工合成的食物，也正在成为探索的方向。因为将来，我们不能完全依靠农产品来喂饱不断增加的人口。

第三，可以想象到的是资讯业的突飞猛进。近来大家在广泛讨论和应用的人工智能（AI）聊天机器人程序ChatGPT，就极大颠覆了过往的工作流程和方式，以致许多人担心自己的职位被人工智能取代。有些作家已经依靠这一软件架构自己的故事；也有画手依靠类似图像软件进行图片的创作和处理；更有甚者，会担心再往前面走，人工智能发展出属于自己的智慧时，硅基生命就会取代碳基生命主宰地球。

这个过程将来会如何走？如前所述，初级的人工智能我们已经实现，而且在迅速迭代更新。最后，人工智能是否会代替我们人类的智慧？知识与智慧的界限在哪里？这些都是我们

第八讲 未来世界的几个方向

正在面临的课题。这些新技术的变革，会产生新的企业、新的产业、新的经营者，以及新的经营方式。

再譬如说，我们在世界融为一体之后，各地使用不同语言，拥有不同文化、风俗习惯的人，他们之间该如何实现交流？现在的翻译器已经相当成熟，持有一台即可在世界上绝大多数地区通行无阻。下一步需要考虑的是：如何实现翻译机器的"同声传译"——一个人讲中文，佩戴在身上的机器能同步播放出英文、俄文或法文，这些都是知识产业之中有待开发的地方。

另外，世界上的消费品越来越多，消费量越来越大，同时浪费也极其严重，尤其是在美国。长此以往，地球将会被人类创造出来的垃圾完全掩盖。当下，种种问题已经显现：垃圾填埋污染土地和地下水，场地也不够用；垃圾焚烧污染空气；漂流海上的垃圾，已经聚集成一个个"浮屿"。将来该如何处理垃圾，化腐朽为神奇，将其转变成资源？这些都是需要不断研究、讨论的问题。

关于电力技术，究竟最便宜、最无害的发电方式是什么？最高效的电力输送方法是什么？如今，中国已经研究出来了特高压输电技术。近年来，以电力驱动的汽车，也正在逐渐取代传统的燃油车，自动驾驶的技术也越来越成熟。工程师们已经知道，设计几条特定的公路轨道，当作"无轨电车"，令其沿着特定的轨道，以特定的速度行驶。将来，我们是否有可能设计出飞行汽车？马斯克为了缓解交通堵塞成立了地下轨道公司"无聊公司"（The Boring Company），其设计的"超级隧道"，能否成为将来的主流？

从技术到社会，我们当前面临的世界局面空前复杂，许多问题目前还无法处理。同时，我们更要注意维持世界和平。今天人类制造的核武器，真要爆炸的话，足以毁灭地球多次。当然，所有人都不希望那一天的出现，却难保不会因为种种因素，引发全球核战争。甚至于所谓集束炸弹，其破坏的范围也是惊人地广泛。所以，我们怎样才能解决这一类的困难？它跨过了哲学的意义，成为全体人类需要真实面对的大问题。

地球上的人越来越多，可使用未开发的面积越来越小，我们糟蹋掉的土地很多，糟蹋掉的农田更多。森林是调节气候很重要的一个环节，然而，地球上的森林正在慢慢消失。这些生态的演变，使得我们也必须警觉：固然我们有种种的理想、抱负，但是假如地球这个舞台完全被毁坏，或者已经到了无可再用的地步，难道我们统统坐上飞船，飞向未知的未来吗？

举例而言，今天我们开发电能，以调节室内温度，可以达到很舒服的程度。然而，以美国住宅的面积而论，房子里住两三个人，要依靠电力维持一栋大住宅的温度，其实造成了资源相当程度的浪费。我们是否有更合理的方式，来解决这一问

第八讲 未来世界的几个方向

题呢？

此外，我们该怎么样去保持地球上资源的可持续利用？比如，我们是否需要更为注重植树造林以及山火的预警，而非等到某天，大火烧掉了几千年才培养的大森林时，再亡羊补牢？前几年，美国西岸的大火烧了好几个月，烧掉多少资源，造成了多大的空气污染！我们生活产生的塑料垃圾流入海洋，开汽车产生的油污经过排污管流入土壤、水中——靠近太平洋西岸的海面上，船行过处，处处都是漂浮的垃圾。

人类的存在，本就是生死流转，方能生生不息。人类如今的平均寿命已经越来越长，这种现象究竟是社会的进步，还是意味着更多资源的浪费？像我如今已经90多岁了，亲见诸多故友离去。究竟我们的医疗，其治疗的限度在哪里？到最后的时刻，家属是否要尊重病人的意愿和感受，不要插管延续生命低质量的存在？我们人类能力的限度在哪里？人类智力的限度在哪里？我们人人都能做爱因斯坦或杨振宁吗？我们的智力、知识，如何才能转换为智慧？这是人类几千年来，一直在思考的方向。

我们需要开拓的方向

我们首先要开拓的新方向，是如何回收资源，这是个大项目。例如，自来水厂将河水净化，过程中实际上滤出去许多水中本有的物质，这些物质可以变成有用的资源——有些元素就溶化在水中，经由水处理变成可供使用的元素，这本身就是个很大的产业。此外，回收各种坏了的机器、玻璃、塑胶，得到一些可供重新使用的原材料，这都是一直在进行的事情，相信还有很大的改进余地。

除了传统的煤、石油、电能，我们是否还有其他能源可以开发呢？我个人认为，最重要的能源是我们人身的"脑矿"——我们能否针对开发人脑力的潜能，成立一个企业，甚至发展为专门的产业？今天这么多的光电企业、资讯企业，不都是经由"脑矿"开发研究出来的吗？我的友人钱煦，乃是在美华人学者中的佼佼者，专业是生物医学，可是他对音乐及色彩的理解很深，修养、审美都非常突出。他能够在研究血小板移动的时候，用一段华尔兹音乐匹配血小板的动作，摄影下来变成"血小板的华尔兹舞"。又例如建筑学巨擘贝聿铭，他能将生硬的建筑材料与柔和的天然资源糅合在一起，进而与大脑中集合的观念相匹配，构成一种新的建筑美学模式。

当然，教育行业本身，就是开发"脑矿"最大的企业。我很高兴地看见，中国的企业界中已经有很多人自觉、愿意，用自己赚取的利润支持知识的追寻、教育的发展，或者支持个别学者的学术探索。甚至还有些企业家，例如福耀玻璃的曹德旺先生，捐助百亿资金，匹配自身企业的技术专长和人才需求，设立定向培养学习与实践结合的专业人才的大学。日前得知，我在中国的朋友朱永新教授，将自己获得"一丹教育发展奖"的3000万港元奖金，捐赠给自己推行了20多年的"新教育实验"这一事业。包括近年来，我讲课的机构如高山书院、混沌学园等，都采用类似于"企业办学"的方式。这都是造福社会的，是相当了不起的事业。

一位优秀的企业家，可以将其所赚来的钱，造福人间到无穷远。匹兹堡曾经有两位著名的企业家：钢铁业大亨卡耐基和银行业大亨梅隆。他们两人各自创设的大学，合在一起就是如今的名校卡耐基-梅隆大学[1]。这所学校培养了诸多科学家、剧作家、文学家、学者，其计算机与人工智能研究领先全球，以至谷歌为了就近吸纳其培养的人才，来匹兹堡设立了研究中心。

1.卡耐基-梅隆大学（CMU），位于美国宾夕法尼亚州的匹兹堡，世界顶尖学府，美国25所新常春藤盟校之一。除了匹兹堡，卡耐基-梅隆大学在美国硅谷以及卡塔尔设有分校，并且其在世界各地均设有合作研究机构。

美国很多企业家捐资办学,例如美国历史上因投资于开发加州而致富的利兰·斯坦福[1],其捐建的斯坦福大学,今天已经是世界名校。我认为,这种"开脑矿"方向的投入,其回报是万万倍的,值得有志向的人投入其中,大家殚精竭虑、共同努力。

我对大家的建议

我想,前面和大家谈的这些问题,大都感觉较为遥远,但也或许就近在眼前。人生一世,其实真正用于工作的时间相当有限。我这把年纪,随时都可能走。在六七十岁时,我就没有想到90多岁的境况会来得如此之快。如果当时很警觉的话,在六七十岁我就会加快工作速度、加大工作强度,所得到的成果也会比今天更多。

所以,我向大家提出我的建议:不要等到老了之后才懊悔,在当下能抓一天是一天——要知道,长时间累积的力量很大。不要认为自己是个小企业家,就不能做卡耐基或斯坦福所

1.利兰·斯坦福(Leland Stanford,1824—1893),美国铁路大王、加州首任州长,以经营港口、金矿、铁路著称,1863年与夫人珍妮建立了中央太平洋铁路公司,为了纪念早逝的爱子,捐资创立斯坦福大学。

做的如此大的事业。假若你有能力资助一个小学，为其添置一台设备，使小学生懂得如何使用设备，老师可以用这个设备传达许多信息，也是尽自己的一分心力。这是造福人间的事业。

今天的美国，自由经济所造成的最大危机是不断地将快速赚取的大量财富，归于各种大型的财团。这类财团几乎是不用纳税的，因为它们是法人而非自然人。这些资金不拿出来经营的时候，政府就无法收税；个人不从财团法人收回资金，政府也无法收他们本该支付的高额所得税。于是，这些财团拥有无数的金钱，民间的财富分到大多数小老百姓手里的比例越来越少。企业内部的分配机制，也往往是创业者、主持者、投资者赚大钱，底层的工人所得甚少，因为繁重的劳动使底层工人被剥夺了生机。财富的意义究竟何在？如此的贫富悬殊合理吗？这是美国当前要解决的社会问题。

所以，整体而言，前面讨论的内容是未来世界无可避免而必须要思考的：从产业可能的发展方向，到产业界应该具有的自觉担当——将自己赚来的大量金钱回馈社会，使得大家都以某种方式共享。至于具体采用什么方式，这是需要大家一起思考的。

我很佩服日本的有些财团，比如松下财团的创业者，他就主张企业在雇用员工、分配利润乃至公司赚取利润上，都应有一定的分寸；企业也罢，员工也罢，都需要培养出一定的经营哲学、人生哲学。这个企业所雇用的雇员，工作超过若干年以后，企业就会为其下一代安排工作，员工退休以后的养老，也由企业设立的养老社区一力承担。松下的担当、气魄，其本身所具有的抱负，值得我们中国的企业界参考。

人类能够相聚在一起，成就一番事业，是靠人与人的合作，不是靠人与人的冲突，更不是靠人剥削人。错误的时代是"我征服我的敌人，我毁掉我的敌人"，未来的时代是成全每一个人。

结　语　全球化的进程不会终止

我们是人，我们应当尊重他人；人活在世界之中，人也应该尊重这个世界；我们得到过他人的帮助，也应该回馈给他人以帮助；我们得到、享有世界的资源，我们也要回馈这世界一分心力，不要糟蹋这个世界，更不要糟蹋自己。

当今时代，全世界的经济行为息息相关，谁也离不开谁。商品交换为主的古代世界，就是这个贸易圈不断扩大的过程。早在新石器时代，虽然各地出产的商品种类不多，但游牧民族产出的皮毛、肉类、骨骸或其他猎物，与农耕民族收取的农作物如稻米、麦子等，已经存在一定程度的交换关系。这种原始的双边交换关系，进而发展为多方交换。等到交换项目众多，道路交通也越发方便，彼此间的信任和了解建立时，"交换网络"就出现了。

在新石器时代晚期，中国的部落与部落之间、地区与地区之间的交换已经相当复杂。西方、北方草原的游牧文明和黄河、长江流域的农耕文明之间，互相交换产品已经是常见之事。所以我们可以看见西周时代东南地区出产的瓷片出现于陕西，这就反映了长程交换的过程。这种交换网络，在不同地区内部不断扩大，地区与地区之间的交流也日渐频繁、彼此依赖，奠定了后世中国大一统的基础。

所以，中东两河流域交换区、地中海周边交换区，以及中国黄河流域、长江流域与东南沿海构成的交换区，到了青铜时代，已经各自发展为大的交换网络。秦汉帝国出现以后，因

结　语　全球化的进程不会终止

为有了统一的货币作为媒介，农舍工业和城市手工业出产的产品以不同的方式，在帝国复杂的道路系统以及阶层化的市场结构中，在横向的空间上移动，也在纵向的不同阶层之间流动。所以，我个人认为秦汉时代构成了中国的大型交换网，这一整体格局延续至今，并没有本质的变化，而且在不断扩展——这是世界历史上起始最早、规模最大的交换区。

而且，这一大交换区与其他地区之间的交换，也是一个不断推展、扩张的过程。汉代以前中国的游牧民族，将牲口赶到农耕地区的边缘，以牛、马、羊、驴换取农耕地区的稻米、丝织品及其他手工艺品等。汉武帝时代，张骞通西域以后，一个前所未见的长程交换线路出现了——从中东到日本，货物在其间实现了顺畅流通。我们过去讲"凿空"，经由这条陆上丝绸之路，西域的货品如金、铜、玻璃、葡萄酒等转入中国；丝绸则被长期视为宝贝，转运到中东乃至欧洲。

除了传统东西方向的丝绸之路，还有一条南北方向的路线：经过川北草原，往南进入四川、云南，再沿南北扩散到全国其他各处。另外一条路，则是从闽越甚至于浙江的港口，经过海运与太平洋、印度洋沿岸地区贸易，中国出产的丝帛运往海外，南洋出产的铜、盐、象牙等物品也传进来。

所以，在秦汉以前的战国时代，前述东西、南北向的两条丝绸之路都已初具雏形，只是在汉代有了非常显著的突破。这个以中国为出发点的交换网，在那个时代已经涵盖整个

153

东亚大陆,延伸到中东、南洋。中间还有北面的游牧民族贡献他们的产品,切入这个东西、南北向的交换网络。可以说,这是世界上出现的第一个大型交换网。

与此同时,西方也形成了内部的交换网络:从两河流域扩散到印度河流域及地中海、波罗的海、北海、里海、黑海沿岸。这一广大地区,与亚洲大陆类似:南北产品因为纬度、气候不同,而呈现相当大的差异。可这一地区性的交换网络,就交易商品的总量、品质还有交换本身的复杂性而言,与东方以中国为核心的交换网不太一样。以中国为核心的对外贸易是长程的、大量的交换,欧洲则是以短程的、间接的、传递式的交换为主。

大西洋航道开通以前,蒙古的征伐使陆地经由东西驿道来往的商业活动成为常事;同时,海上贸易通道经过中国的口岸下南海,绕过马来半岛进入印度河河口——太平洋与印度洋之间的这条通道,与陆上的驿道配合在一起,形成一个大的圆圈。马可·波罗来到中国,是从陆地出发,使用骆驼、马、车辆等交通工具,一路走了好几年。他返回欧洲则是从泉州上船,经过南海航道进入印度洋、波斯湾口,最后转到意大利。

所以,蒙古的征服开启了全球化的第一步。今天中国正在尝试的"一带一路",基本上也是沿着当年的线路——旱地上以铁路运输,中间的水路可以改乘轮船。

结　语　全球化的进程不会终止

　　欧洲人开拓新航道时，一方面发现了美洲，一方面找到了绕过好望角，从大西洋转入印度洋的途径。于是，印度洋、大西洋连成一片。等到美洲大陆上的通道，即经过墨西哥湾进入太平洋的通路打开以后，大西洋、印度洋、太平洋这个圆圈，就成为西方人开拓商道、发展贸易、取得物资、赚取利润的途径。

　　当时的教皇，将东半边地球的管理权划分给葡萄牙人，西班牙则获得经营西半球的权利——似乎整个地球已经在教皇的支配之下，如此心态，胆大妄为。等到英国崛起以后，美洲大陆就越发深入地被卷入这一世界贸易网络。所以，在鸦片战争前后，英国人的贸易是从大西洋进入太平洋，在阿卡普尔科以欧洲的商货换取墨西哥白银，再到中国以白银换取丝绸、棉布、茶叶以及其他物资；回程时分成两路，将中国的物产运到欧美。英国与印度之间的贸易同样如此：将印度出产的棉花、鸦片运到东方，换取物资运销欧美。

　　这时，今日全球化的格局已经初步显现。只是鸦片进入中国，造成的危害极大：无数家庭因为吸食鸦片，家破人亡；大量白银持续外流，中国长期以来的贸易顺差，也因此被抵消。在此期间，美国西海岸的铁路开通。中国出产的茶叶等商货运到美洲去，不再需要经过墨西哥；美洲的商货也可以经过铁路运抵港口，运往中国或欧洲。

　　我曾经去哈佛大学演讲，住过一个招待所，它是由19世

155

纪从事对华贸易的商人的住宅改建的，房间里摆满了中国的东西：画、瓷器、铜器、牙雕……铺在床上的被单也是中国的"南京布"。由此可见，19世纪晚期这一条路走得相当顺畅。

与此同时，中国遍布洋行，西方人最开始在中国开店铺，后来干脆在中国投资设厂。比如英国人就在湖北沙市设立了纺织厂，雇用中国劳工织了"洋布"卖给中国人。如此种种，都是全球化的一部分，在19世纪晚期就发展得相当成熟了。

等到一战结束，整体的全球贸易格局又为之一变。为什么欧洲会爆发如此大规模的战争？旧的工商业霸主英国、法国，要压倒后来的挑战者德国的力量。一战的最终结果是德国战败，英法与新兴的俄国、美国，加上后来重建复兴的德国，构成西方主要的工业国家。

它们所生产的商货，经由相当现代化的轮船运销全球。这一时期的全球化是以欧洲为主体的，美国是其中重要的一员。及至二战前夕，美国的生产总量已经与欧洲持平。等到二战结束，美国赢得了整个欧洲的控制权，亚洲的挑战者日本战败，被美国驻军，从此以后美国独霸全球至今。

在欧洲工业发展的全球化时代，列强争夺的主要是市场和原料；二战以后，争夺的焦点则增加了生产地这一要素，因为大规模工业生产以后，需要雇用许多劳力，更要消耗许多天然资源如水、土地、燃料等等；同时，还要考虑货物的远程运输,于是空港与海港成为这一轮全球化中非常重要的节点。二战以后美国独占魁首,实际上是美国帮助了全球经济复兴,欧洲与东方的日本都不过是其附庸而已。如此良机,使得美元成为世界货币。如此新形态的全球化之下,美国的工会组织不断推高企业用工成本,迫使美国的诸多工厂搬迁至外国,或者在国外生产半成品,运回美国完成最终的组装。如此一来,美国做"大东家",代替其生产的国家则只能做"小东家",美国的产能分散于世界各国。

美国经济学家托马斯·弗里德曼曾经写过一本书:《世界是平的》。这个书名也就意味着:美国主导下的这一轮全球化,资本和商业的力量无所不至,美国的投资遍布全球,它是最大的获益者。全球化的市场出现,在美国的领导之下,世界贸易组织应运而生,运转得相当顺畅。与之配套的是世界银行、跨国银行、全球互联的证券交易所、物产交易所,它们使资源和资金的自然流通可以顺畅完成。比如纽约证券交易所以及芝加哥商品交易所,此二者的报价和行情会牵动世界其他中心城市——伦敦、巴黎、上海、深圳、东京、新加坡等地的指数。

各个国家在全球市场化进程中,形成互相依赖、互相尊重的大集团以后,人类是否可以就此走向大同世界?全球的政治制度是否能逐渐磨合、趋向统一,突破现有民族国家的局限?于是,种种制度应此而生:减免关税、自由过境……从东到西的大部分欧洲国家都加入欧盟,在欧盟内部过境不用护照,也无须签证。我到欧洲旅行时,只要将护照摆在车窗上;过关卡时,边检人员对护照看都不看,挥手就让我们过去了;我们在欧盟内部任何地方消费,所缴纳的税款出关时也可以冲销。

这几项措施,一度使我们相信,终有一天世界可能走向"共同政府"执政的局面。然而,接踵而至的问题是:全球化的产业分工之下,哪些地区占了便宜?欠发达国家以低廉的劳工价格,以及便宜的水、土和燃料成本吸纳大量资本,短时间内取得经济的快速发展。然而,它们付出的是水源、土地的污染以及几代人的辛苦,最终利润的绝大部分还被发达国家的品牌和投资方获取。中国改革开放至今所取得的成就,就离不开在全球化的市场分工之下,承接的大量的制造业、加工业,中国还因此被称为"世界工厂"。

中国大陆在四十年左右的发展过程中,于后半段"站起来",渐次吸收了台湾地区、日本及欧美的工厂。二十年间,中国迅速发展成为"世界工厂"。其实早在宋朝,中国就是当时世界上最大的生产者。只是,宋朝"富而不强"。今天的中国,比当年的宋朝富了无数倍——也幸亏邓小平说"不管白猫黑猫,会捉老鼠就是好猫",他这一"弹性政策"取代了前三十年刻板教条的政策,政府也因此从管制者的角色,渐渐转化为经济层面的辅导者、服务者的角色。

直到近年，美国忽然发现自身产业基本空心化了，绝大部分所谓"美国生产"的东西，追本溯源才会发现：或者其部分生产原料来自中国，或者其部分配件在中国生产，到美国组装完成。许多欧美国家忽然发现，自己居然变成了农产品出口国——美国输出到中国的是小麦和大豆、玉米等粗粮，澳洲输出到中国的是牛肉、龙虾……"三十年河东，三十年河西"，全球化走到这个地步，美国吃不消了。

直到前任总统特朗普时代，美国才开始正视如此的变化。特朗普是商人出身，其支持者多是美国的巨商富贾，这些人发现在全球化贸易之中，很多钱都被中国人赚取。于是他们感到不安：我们的钱去哪儿了？但是他们自己不反思：如此多的美国工厂设在中国，利用中国低廉的人力、水源、土地、原材料，生产出来的产品行销世界，他们赚取了其中大多数利润。只是，在此期间中国也不甘心仅仅从事最低端的来料加工，像华为、大疆、小米等中国本土的企业，在技术研发等方面逐渐增强，全球市场占有率越来越高，这使美国更感觉不安。所以，特朗普时代，美国退出了许多区域性合作组织。我们原本以为拜登时代，美国对中国的态度会有新的变化，谁料拜登也延续了特朗普时代的对华政策。

但是，这种局面之所以出现，问题在于美国自身的种种弊病：工人工资太高，政府管理废气排放、污水排放的成本太高，土地、燃料的价格都太贵。如此情形之下，美国生产物品的成本居高不下，相较于中国、东南亚、印度各处，并没有显著的竞争优势。加之美国社会的福利保障较好，穷困人口哪怕不工作，也可以依靠政府补贴度日，许多人因此不愿意进工厂从事低端制造业的生产。

我认为，美国应该考虑的是：当前的全球化贸易是大势所趋，大家可以协调生产的分工、布局，但是强行要求中国的产业回到美国是不可能的——杀头的买卖有人做，赔本的买卖没人做。何况，这些买卖后边的投资者，许多是美国财阀。资本趋利，在全球寻找降低生产成本的办法是必然之举，这不能怪罪中国。

当前的美国经济过热，通货膨胀、金融危机接踵而至。美国近来的局面，连经济学家都很苦恼：破坏全球化世界的是美国而非中国，最终美国利益也会遭受相当大的损失。为何如此局面，美国不能看清？原因在于，特朗普与拜登政府所聘用的经济顾问、国际关系顾问是一群目光狭隘、自高自大的狂傲之徒。那批有理性、有想法、行之有效的美国人，没有被任用，真正懂得全球事务的顾问没有发言的机会。特朗普也罢，拜登也罢，都是美国各大财阀推举出来的"利益代言人"，背后"操纵牌局者"没想明白此事，美国对外尤其对华政策就无法有方向性的调整。

在此局面之下，我希望中国少安毋躁，努力发展自身的产业和技术。低端制造业从中国迁出，也不全是坏事：那些被污染的水源、土地,需要时间去慢慢整顿、恢复。同时,中国也可以输出品牌、技术,将生产部分委托给非洲人,提升他们的地位,用"一带一路"将欧亚世界重新拉回全球化进程。我的建议是:在中国无论是国企还是私营企业,都可以考虑主动将低端产业转移到他国。我们的工作人员可以跟着工厂出去,做监督人员、技术人员、分销人员。

我一直主张,黄河、长江沿岸如此广大的河滩地,可以开发起来:养牛、猪、鸡、鸭,这些动物的粪便可以改造土地,时间一长即可将其转化为农田,种植花生、棉花等农产品。

中国可以开拓的空间很多,大兴安岭如此大片的树林,不要将其砍伐。西南山地崎岖,山地有山地的开发方式,平地有平地的开发方式——针对国内开发程度低的地区,我们尚有很多可做之处。

如何保有中华文明的生命力?

我们该如何保有中华文明的生命力?这是遭遇了近两百年的挫折至今,一代代中国人关心、思考的问题。这个题目很大,整体而言,包括政治、经济、文化三个方面。

政治方面，中国是"天下国家体制"。但是，中间也存在相当长时间的"列国体制"时期。如此庞大的国家，该如何管理？汉朝实现大一统帝国的建构以后，各家争鸣的结果是：国家是一套管理和经营的机器，并非皇权绝对主宰的体制。理论上皇帝是所有国民的领袖，"普天之下，莫非王土；率土之滨，莫非王臣"，但皇帝要向上天祭祀、报告，担负起上天赐予的使命和责任。中国文化中的"上天"是抽象的"天"，可谓"众人之心"。所以，作为"奉天承运"的管理者，皇帝要向天负责，天要从人间"得道"。如何"得道"呢？天意就是民意，民意就是天意。可惜，帝王和官员的所作所为，辜负了如此设计的盼望，以致传统政府的管理效率并不高，而帝王专权却以外戚、宦官中的贪官污吏，完全破坏了中国文化中法家、儒家共同协作，维持合理政权的理想。

也因此，理论而言，皇权也有顺应民意、服务百姓的义务。皇位虽是世袭的，但宰相领导的文官群体是皇权的辅助者、执行者，存在相当程度的合作与监督皇权的作用。所以，传统中国治理国家的文官体制，从上至下是个以理性、制度来考核、衡量、奖惩的"治理机器"，也会因应时势做出判断、取舍，及时调整政策。例如桓宽的《盐铁论》记述的就是汉昭帝时期，官僚群体关于国家专营还是自由经济的一场大辩论，涉及政治、经济、军事等诸多方面的问题。

在欧洲皇室，长期以来不存在如此政策辩论的机制。中国的皇帝要向民意负责,宰相要向皇帝负责。如果皇帝的所作所为违背民意,就会被自下而上的民间力量推翻。

我在美国读书时,与政治学系的同学讨论,他们说:中国这套国家治理的经验,西方人其实一直在学习——英国人在东方建立东印度公司,就将中国选拔人才的考试制度,应用于人才的招聘、考核、升迁等方面;到今天,西方国家公务员的考试制度依然如此。所以,英国的政治一方面是经由选举推举出行政官僚,同时也配合了一套技术官僚体系治理国家。剑桥大学、牛津大学相关专业的课程,很大一部分是教育学生如何处理公务,怎样对公众负责的。

政治方面,今日的西方民主社会,依然存在政治领袖把控权力、操纵权力的可能。政治是一股巨大的力量,若是能够使其掌握在经受专业训练、有现实政治经验的公仆手上,按照管理学、行政学以及社会经济学的原则来处理国事,这便是非常合理的安排。

中国文化之中,始终有一个"大同世界"的理想。《礼运·大同篇》说"大道之行也,天下为公",预见在未来会出现共同的、全球化的世界,不再有国与国的界限,不再有族群间的冲突。这一理想,到底何时才能实现?我们不知道。甚至于它有没有可能真正成为现实,也尚未可知。然而,理想的意义,不正在于一代代心怀理想的人前赴后继,奔向、趋近这个目标吗?

经济方面，整体而言，涉及家庭、社区、国家与世界四个层次。假如有一天，我们真的实现了全球一体化，不再有地区和地区之间的竞争与冲突，大家彼此合作、互通有无，这才是真正的全球经济一体化，人类的资源能够有效流通，物尽其用。

当前，中国与美国存在如此严重的冲突，其实是不同文化"失调"的结果。尤其是美国，并不能真正理解中国的文化：中国文化持有的理想是"世界大同"，大家可以和平共赢；美国的"梦想"则是"美国领导的和平"（Pax Americana），根源上还是由一神信仰的排他观念发展过来的。

至于文化方面，西方文化的根底是"神的文化"，中国文化的根底是"人的文化"。为什么基督教世界和伊斯兰世界之间，持续了这么多年的仇杀？从十字军东征一直到"9·11"事件，两架飞机撞击美国世界贸易中心南、北双子星高楼，导致近3000人丧生。至今，22年已经过去。可是，美国为了报仇，要惩罚"犯罪者"，不知道投入了多少性命和资金，打击在各处出现的伊斯兰激进分子的活动。

中国文化之中，人是文化缔造者，也是文化的维持者。人与人之间要互相尊敬：我自己饿的时候，要想到人家也会饿；我自己渴的时候，能想到人家也会渴；我自己衣服不够的时候，也希望别人穿得暖……这种"推己及人"的文化理念,有助于协调群己之间的关系,能够矫正西方极端个人主义导致的社会溃散。我们希望每一个中国人,都要有如此理想。"美国式的自由",几乎就是"自私"。

最近,我看了一篇文章:一个美国作家讲她自己的家庭生活,她称呼自己的丈夫为配偶、朋友、伴侣;他们夫妻与另外一对朋友共度周末,四人之间完全不讲究伦理界限,自由交往。对另一半的尊重,对另一半的爱,在世界上人类关系之中,还有比这更亲密、更庄严的吗?然而,他们认为这是"人的自由"。如此"自由",我无法认同。

最后一点,在未来世界,我们将会越来越机械化、自动化、信息化。在这个客观存在的秩序之下,人有多少自由?或许在不远的将来,人会被自己创造的用具所奴役。到那时,我们该怎么办?我们要注意,假如不是以人为中心,而是以物质世界作为核心指标的话,可能会出现大的危机。物质世界越来越信息化,我们越发要保留人的自由意志、自由想象、自由情感。

我们要将对人本身的尊重安放进生命里。在保持个体独立自由的同时,要想到人与我、人与社会之间的关系,这都是我们中华文明所具有的实在的力量。这个理念的力量,目前还看不见,但它有极大的潜力可以发挥出来,对未来世界应当具有相当重要的意义。

最后一句话,是希望大家理解:我们是人,我们应当尊重他人；人活在世界之中，人也应该尊重这个世界；我们得到过他人的帮助，也应该回馈给他人以帮助；我们得到、享有世界的资源，我们也要回馈这世界一分心力，不要糟蹋这个世界，更不要糟蹋自己。个体是宇宙存在的一部分，我们对这个宇宙有好奇，但是不要轻蔑它。

最后，我们或许能够追求的是：将我们的生命提升到一个真正自由的境界。

附录一 我们正经历一个了不起的新"轴心时代"
——许倬云对话李善友

世界无限扩大,永远充满惊喜和发现。至于如何发现,能发现什么,取决于我们如何去看待它。说到底,我们的命运是由自己一点一滴塑造出来的。

时间：2021年9月7日晚
地点：北京混沌学园演播室

李善友：大家好，欢迎来到混沌演播室。我自己经常出现在混沌演播室，不过以前都是被采访的对象，今天好像是历史上第一次作为主持人出现。我和大家一起，与历史学家许倬云老先生对话。我非常尊敬许先生，我也是他的粉丝。大家知道，许先生因为小的时候身体有残疾，90岁的高龄又摔了两个跟头，现在也是在家养病的阶段。所以，很感谢许先生能够在这个阶段来混沌讲课。

许先生，您今天身体状态怎么样，今天咱们可以聊多长时间？

许倬云：好不到哪儿去，只有一天天坏下去，听天由命吧。

李善友：许先生，感谢您。我是混沌学园创始人李善友，也是您的粉丝，谢谢您。

感谢您能够来混沌学园讲课，将您的智慧与这么多年轻人分享。我在疫情期间,看了您《十三邀》那一期访谈,看完之后就流泪了,又看了第二遍,那个访谈对我影响非常大。而且我特别喜欢您其中有一句:如果往未来走的话,应该怎么样?您说首先要胸襟开放,"全世界人类曾经走过的路,都要算是我走过的路之一"。这句话对我的鼓舞特别大。今天作为混沌的创办人以及您的粉丝,谨此向您致敬。

许先生,今天您在混沌这堂课讲的是"轴心文明"。您在这一期讲了很多的地理故事,但在人物方面似乎讲得并不是很多。"轴心文明"这段时间,真是"人类群星闪耀时"。我觉得好像奇迹一般,那么短的时间里,全世界各地如从天上降下恒星一样,出现了如此多的人物。而且这些人物的思想,奠定了我们今天世界所有文明的根基,我们今天都活在他们的思想通道里。

但是,有一件事情很奇怪:继这些人之后,再也没有人达到过他们曾经的高度了。比如说东方的老子、孔子,我们今天没有任何一个中国人敢说自己达到了他们的高度。比如西方的柏拉图、亚里士多德,今天的西方哲学也在为他们的哲学做"注脚";比如耶稣、释迦牟尼,很难说今天哪个宗教界人士超过了他们。

所以我有一个很困惑的问题:为什么这么多厉害的人几乎同时出现在那个时代,对今天这个世界造成这么大的影响?为什么后来再也没有人能超越他们呢?您认为是什么原因呢？是一种偶然现象还是必然现象？

许倬云：其实，这是时间上的错觉。"轴心时代"这个概念，听起来他们似乎处于同一时代；但是，其实这些人所出现的时间，前后时间跨度有好几百年。比如柏拉图与耶稣存在的时间，相差就较远；孔子与佛陀所处的时代，确实相当接近。

但是，从轴心时代衍生出来的其他宗教体系，例如伊斯兰教，那是穆罕默德从一神教又翻出来的新的一神教，这是千年以后的事。所谓"同时代"是放宽了眼界看待，实际上它的跨度是千百年。

近代以来，我们不能说人类没有出现"巨人"，伽利略、牛顿、爱因斯坦都是"巨人"，他们代表了近代科技文明走向哲学，离开实用走向科学的第一步。第二步正在发生：量子力学理论。学术界没有特别说明谁是量子力学的创始人，但是量子力学描述呈现的宇宙秩序，实在是与传统中国"天人感应"的理念非常相近：量子力学有一个不确定性原理，认为宇宙是人观察出来的。王阳明也曾说过："尔未看此花时，此花与尔心同归于寂。尔来看此花时，则此花颜色一时明白起来，便知此花不在尔的心外。"所以，人类对自己的盘问，对自然的盘问，对内心的盘问，一直在不断地进行，并不是某个时代忽然出来一连串。

"轴心时代"这个概念，是雅思贝尔斯在二战中间才提出来的。提出来的同时，他立刻就在检讨——从西方到东方，五六个"轴心时代"的文明形态逐一进行比较研究：基督教新教与旧教、旧教与东正教、东正教与伊斯兰教、伊斯兰教与古波斯宗教、古波斯宗教与佛教、佛教与儒家。雅思贝尔斯这个系列的比较研究，在地理上自西往东延伸，并非按时代先后顺序排列。其目的是让我们看清各个教派其重点在哪里，并不是说有影响力的教派，其所主张的思想理念就是绝对真理。

举例而言，一神信仰我以为过分独断。其起源于古埃及，埃赫那顿等法老认为太阳神是唯一真神，能带来能源、阳光、温暖，也是一切食物的来源。所以，太阳的光线被理解为太阳神的无数小手，每一只小手都握着一顿粮食，用来喂养狮子、小羊、人类……粮食后面，有其作为人对于人间平等的期许。这一信仰的诞生，不在"轴心时代"，可是启蒙了很多人：从摩西到穆罕默德都是沿着他划定的大方向在走。所以，我们今天所讨论的概念，是历史学家"设定"的东西，并非不可动摇的"铁律"。

其实，我们也正在经历一个了不起的"轴心时代"。现代科学将内心直观的、形而上学的诸多思想与技术，转变成可测验、可重复、可验证的科学，这才是了不起的突破。科学与技术合在一起，参与社会产品的生产交换，才形成今天的全球化的市场体系。我们当今所处的这个"轴心时代"比过去任何的时代都更重要、更伟大，尤其是这一轮互联网的变革，牵扯全球乃至具体的每个人，突破了许多固有的地域、文化上的偏差。

16世纪开始的奴隶贸易，基督徒将黑人作为奴隶，像牲口一样从非洲运往美洲，使得非洲损失人口总数超过一亿。西班牙神父登陆美洲，将国旗一插，就宣示这块土地是西班牙国王陛下的土地。西班牙人趁着印加帝国内战，凭借不到两百兵力起家，数十年间令印加帝国覆灭、文化毁灭，经籍也被烧光——对人类文明而言，这是何等巨大的损失？这不是宣称博爱、仁爱的基督徒应该做的事。究其原因，还在于基督教是排他性的一神信仰——上帝是慈爱的神，同时也是沙漠中的风暴战神；顺服、信仰者才能得到佑护，非基督徒则被视为异类，可以任意毁灭。

儒家如果没有吸收道家的文化，没有办法做到"中庸"。我对墨子很崇拜，但是其主张、行为延伸出去，也是相当严苛的。所以，中国历史上如果墨子思想与儒家合流，又没有道家的温和，我们很可能走到崇尚暴力、排他的路线上。所以，天下事无法一言定论，我们既要横过来看区域之间的关系，也要纵向考察其历史的演变。

我们正处于另一个前所未见的"轴心时代"，我才有机会借助混沌学园这个平台，和如此众多的年轻人对话。或许这个时代的聪明人，会比过去更多，出现比孔子还大的思想家也未必没有可能。

我们学历史的人要从大尺度看问题,但我们的历史教学通常只能是"片段式"的。所以,我在美国上课也会自盘古开天地开始往下讲,我之所以如此啰唆,乃是希望给大家交代我们所讨论问题的来路与去路。

李善友:刚才许先生有一个回答,我觉得闻所未闻。您把今天的科学时代也当作一次"轴心时代",而且认为爱因斯坦、牛顿也是这个世代最伟大的思想家,甚至今天这个"轴心时代"比上一次的更为伟大。这是我第一次听到如此观点,觉得非常有趣。

许倬云:康德和牛顿所处的时代,距今不算太远。康德的唯理哲学,这个"理"大于"神"。但是,他的"理"与中国道学所讲的"理"不一样。康德所提出的是"理性辩证之理",中国传统的"理"是"行事证道之理"。

李善友:许先生,借着您刚才的话,因为您是历史学家,咱们用大尺度看一下历史文明。如果把第一次上千年的"轴心时代"当作人类的第一期文明,其主要特征是农业文明。今天正在经历的第二次"轴心时代",算是科学、工商业文明。按照您的观点,如果我展望一下,有没有可能正在萌发第三次"轴心时代"的文明?作为过去几大文明中唯一没有中断的文明,中华文明在第三次的文明中会起什么样的作用呢?您怎么看中国在未来世界的作用?

许倬云:我是中国人,我儿子说:"爸爸,你以中国为中心。"我就时常反省,自己有没有这个状况。

平心而论,中国的文明与欧洲相比,可能比较合于人情。中国文化注重"人"本身,儒家主张"理"不在人身体之外,也不能将"理"与身体的感觉、情感混为一谈。如何解释儒家的"理"?如何将其与感觉、情感配套来解释?要花一点反省与检讨的功夫。

抽象而言,天下的事情需要合理的处置,有其合理的逻辑——以不同的语言、语法探讨同一套逻辑,有可能南辕北辙。中国的语言、文字讲究文从句顺,一路发展都按照自然往下走,如同一块块砖头从下往上砌。汉语是适合"讲理"的语言,与用符号讲理的科学语言接轨并不困难。

中国人相处有一些基本原则:将心比心;己所不欲,勿施于人;等等。从自己开始,两个人是"你、我",三个人就是众人的"众"。以此类推,层层关系网越来越多、越来越大、越来越复杂。许多原本我们看不见的角落,忽然一亮,发现"满天繁星"——这是因为与自己产生了关联。我没认识内人曼丽以前,我不知道学问以外,天下还有另外一条完全崭新的路。等到她出现在我的生活中,我"看见星星亮起来",就觉得非她不可。我们的结合,就把两个人都满足了:她生下我们共同的孩子，我们带给彼此对方的父母亲朋。

世界无限扩大，永远充满惊喜和发现。至于如何发现，能发现什么，取决于我们如何去看待它。说到底，我们的命运是由自己一点一滴塑造出来的。从个体到家庭、宗族、社会、自然、宇宙，这种层层推展、相互嵌套的复杂网络结构，也就是董仲舒所总结提出的"天人之际"的秩序，以及《礼运·大同篇》所主张的"大同世界"，我觉得这是中国文化能够提供给未来人类共同文明的思想资源。西方个人主义的种种弊病，在今日美国已经显露无遗：个人对社会没有责任感，家庭观念淡漠，人际关系疏远，整个社会趋向离散、崩解。我在美国生活了六十年，看着这种情形一步步发生，内心非常担忧。

李善友：许先生，我把这个问题用另外一个角度向您请教。您是历史学家，写出了《西周史》《汉代农业》《万古江河》等非常有影响力的著作，您自己在大陆出生，台湾成长，又长期在西方世界生活，前几年还写了《许倬云说美国》这本书。我想请您特别站在今天的这个时空里，站在中国的角度看世界，站在世界的角度看中国。您觉得今天这个时局在您脑中的图像与哪一段的世界历史特别像？您怎么看未来中国在世界上的前途命运？

许倬云：这个问题，单纯从中国历史来讲，太过局限，我们可以从世界历史与中国的关系着眼。早在秦始皇时代，中国人就发现茫茫大海外面有"神州"，有可能是漂海的人带来讯息——外面的天地大得很，海中有很多大的岛屿。这些认识或观念，体现在了《山海经》之中。秦始皇一直想看看，自己的帝国究竟有多大，最后死在巡游四方的途中。据一般的传说，秦始皇还曾派遣徐福到海上，寻访能让人长生不死的仙药。这是早期中国对于海洋的探索。等到汉代，张骞"凿空"西域，带回来西域的物产：骏马、琉璃、葡萄酒、金刚砂等等，这是中西交通史上划时代的事件。从此以后，陆上丝绸之路使得中国与世界的联系越来越紧密。

近代欧洲人之所以要开拓大西洋航线，就是因为从中国通往欧洲的贸易被中东世界挡住，东方的宝货不能直接进入欧洲。等到英国人将西班牙无敌舰队击败，忽然发现茫茫大西洋上，自己俨然是世界霸主，英美世界称霸地球的时代就此开启。

在蒙古时代，马可·波罗把中国的消息带回欧洲，其著作《马可·波罗游记》中，记载了大汗的宫殿如何华丽，东方的物产如何丰富，等等，这也激发了西方人探索新航道的动力。等到鸦片战争爆发，中国人被西方的坚船利炮打败，中国人才不得不面对现实，开始放下天朝上国的傲慢，客观看待欧美世界，才发现外面的世界居然秩序井然，比中国干净、有序多了。

中国从明朝到清朝，维持了二百多年的贸易顺差。等到鸦片战争以前，鸦片贸易已经使中西贸易关系逆转，大量中国白银外流。长此以往，中国日渐穷困：连皇家卫队也是衣衫褴褛，军旗老旧，马瘦兵疲——马可·波罗笔下的"东方幻想"就此破灭。

当年我从芝加哥大学博士毕业后，返回南港"中研院"和台湾大学教书。有位同事从南港到美国短期留学，回来以后他说："许先生，你没有告诉我，美国也有苍蝇。"我说："我为何要告诉你美国有没有苍蝇？你过去是要念书啊！这是你自己把自己的眼界看小了。"这种盼望与失望之间的落差，有时候颇为奇怪。

前几年我写的那本《许倬云说美国》，花了非常大的心思，将我六十年间所见所思的美国呈现给大家。我在芝加哥大学读了五年书，其间在医院做手术、上街参与民权运动的抗议……那五年时间，我接触到真实的美国社会许多角度、层面的事情，这本"美国社会的大书"，将我印象中"教科书上的美国"打破了。但是，太多的中国人还只是单纯将美国视为"先进国家"现代文明的模范。然而在我眼中，现在的美国快垮了，延续了四五百年的现代文明，正在走向衰败。

李善友：所以，您认为中国未来会怎么样？

许倬云：这取决于中国人如何自处。孙中山服膺西方文化,他以为西方模式就是理想世界或者人间乐土。同时,他强调"驱除鞑虏,恢复中国,创立合众政府",这是他的革命口号之一。后来他见到美国内战结束以后主张民主、自由是民权的根本,他才提出"三民主义":民族主义、民权主义、民生主义。

由此可见,孙中山的革命思想也是一步步在觉醒中产生的,我们自己的人生也是在一步步觉醒。我希望中国千万不要守住过去的教条。若不是邓小平主持并推动了"改革开放",或许我们大家还在"乌托邦"的梦想之中,无法取得今天的成绩。所以,我对邓先生的历史贡献,给予"五颗星"的好评。

李善友:许先生,您是我们今天意义上非常经典的中国传统知识分子。中国传统知识分子有"横渠四句":"为天地立心,为生民立命,为往圣继绝学,为万世开太平。"您觉得这四句话在今天还有意义吗?或者说,今天的知识分子应该怎么自处呢?

许倬云:今天有两种知识分子:一种是技术性的知识库,一种是背负使命的"拓荒者"。大学里面绝大多数教学的课程,相当于传递给学生一个"知识库"。聪明的孩子往往过于在乎分数,许多人一辈子守住自己眼前的某个特定领域,无法从事跨领域的贯通工作。所以,我希望国内的知识分子对自己要有很高的期许和要求，功夫要下得切实，力气要花得到位，不要偷懒、讨巧。我写的《万古江河》等许多通俗历史著作，基本上都是退休以后完成的。前面几十年，我都是勤勤恳恳从事很细致、本分的学问研究工作，努力打下了一个比较坚实的基础。单就《万古江河》这本书而论，它吸收了不同领域、年代、国别学者的成果，所参考的著作、论文恐怕不下三千种，只是我没有一一标注。我的其他面向大众的著作同样如此，做学问无法讨巧，需要老老实实地解决一个个问题。

横渠先生这四句话，每一句话都有宏大的气势，他自己大概就做到了"为生民立命"这一块——就是我作为"生民"之一，我替别的生民代言，我替别的生民寻找一条安身立命之路。"为天地立心"，是由个人的境界推展到人类、宇宙的境界，"人是万物的尺度"。

"为往圣继绝学"，我们把过去的典范读懂了、理解了；古人没讲透的部分，我们将其推演出来；古人讲错的地方，我们将其更正；更正以后，我们还要将其落实到日用平常，并传递给后人。所以，王阳明的《传习录》，书名就是取的《论语》中的典故："吾日三省吾身：为人谋而不忠乎？与朋友交而不信乎？传不习乎？"

当然，对于经典，我们也不能确保自己的解释就一定符合古人的设想。但是，我们可以永远保有一个梦想："为万世开太平。"这个"万世太平"的局面，不一定是自己一个人或者某一代人可以完成的，需要一代代人持续接力，不断趋近。

如今我已经90多岁了，人生经验告诉我，世界没有一天是安定的。但是，我们只有抱持这个梦想，人类才能有长足进步的可能。人类的欲望永远不能满足。贪心、私心这两个"坏"心处处存在，世界就不可能太平。然而，我们心里如果都没有万世太平这个希望，并为之不断努力，世界何来太平可言？

李善友：许先生刚才最后一番话，说得特别好。我们看今天周围的人，尤其是年轻人，很多人信仰缺失，找不到人生的意义。所以，大家普遍很焦虑、紧张乃至焦躁。最近一两年的流行语"躺平""内卷"，包括对未来缺乏信心，都是对此现象的反映。您对这样的年轻人，或者我们在今天这个时代如何找到自己的意义，有何建议？

许倬云：我经由互联网，看见了国内有这种风气。比较欣慰的是，中国人至少有求内心安顿的潜在愿望。当今世界，挑动人心欲望的东西无穷无尽：衣服、车子、房子、游艇、私人飞机乃至太空旅行……人类内心的欲望，其实永远无法满足。中国幸亏有儒、道、佛三家的思想，儒家也在相当程度上吸收了道家思想的成分：道家主张清心寡欲，儒家讲求恰到好处的"中庸"，"发而皆中节"。包括后来禅宗的

● 詹姆斯·瓦特，1792，卡尔·弗雷德里克·冯·布雷达（Carl Frederik von Breda）绘。瓦特对蒸汽机的改良极大提高了生产力，将人类带入了蒸汽时代

- 1842年8月29日，清政府代表耆英、伊里布与英国代表璞鼎查在南京签订《南京条约》，约翰·普拉特（John Platt）绘。《南京条约》签订以后，中国转为"五口通商"的局面，逐步沦为半殖民地半封建社会

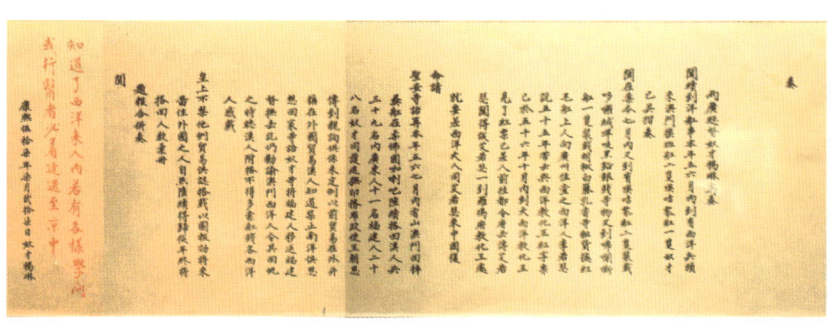

● 康熙五十七年（1718）两广总督杨琳关于十三行的奏折，广州国家档案馆。鸦片战争以前，广州"十三行"，几乎是中国对外贸易的唯一港口

● 移民母亲，1936年3月，多萝西娅·兰格摄。美国大萧条及其引发的全球经济困难时期构成了凯恩斯主义的背景

● 西班牙无敌舰队和英国舰队，1588年8月，匿名作者，英国格林尼治皇家博物馆。16世纪末期，英国舰队战胜西班牙无敌舰队，确立了其海上霸主地位

●马克斯·韦伯，1918，恩斯特·戈特曼（Ernst Gottmann）摄。在雅斯贝尔斯之前，马克斯·韦伯就对世界范围内的不同文化区进行了比较

● 雅斯贝尔斯，1946，佚名作者摄。在1949年出版的《历史的起源与目标》中，雅斯贝尔斯提出了"轴心时代"的概念

● 一名消防员站在仍在燃烧的世贸大楼的废墟和烟雾中，2001年9月14日，吉姆·沃森（Jim Watson）摄

影响,这才使得中国人的思想中,有向内寻求内心安顿的成分。所以,在中国人的思想世界,除了向外在世界积极进取之外,始终可以有一个"退而藏之"的安身立命之所在。例如苏东坡,仕途失意,一身的才学不得施展,哪怕是被贬到黄州、惠州、儋州这等不毛之地,他还是可以不断写出类似《赤壁赋》等如此境界的文章,寻得内在的安定。中国人可以选择信仰道家,也可以选择信仰佛家,佛家里面有六祖、济颠,道家里面有吕洞宾、铁拐李。但是,美国文化就不一样:美国人失控以后喝酒,酗酒以后发疯,类似的事情时常发生。

所以,中国有这种关于人生意义、价值感的焦虑,我觉得反而是好事。假如一个人的薪水足以维持日常的生活、将儿女抚养成人,乃至后面二十年的生活都有稳定的预期和保障,再配合相当程度的社会福利保障,我想普遍性的焦虑就会少很多。

挪威、丹麦的社会福利非常好,一个人的生活,从摇篮到坟墓全照顾到了。生活无忧,但是人们会感觉无聊。我有一位同事是瑞典的院士,后来到匹兹堡大学来教书。我问他:"你觉得老家瑞典的日子过得好吗?"他说:"太乏味。眼睛一闭,我的丧礼如何举办,坟墓在哪里,全知道。"

李善友:许先生,从您身上我看到另外一番景象:我们会觉得要"躺平"、要"内卷",但是我看您已经91岁高龄,精神头还这么足。您的著作卖得非常好,影响了很多年轻人。我也注意到您这一两年,甚至在疫情前后这一两年,也抓住了很多的机会,与中国的年轻人、知识分子多讲话、多沟通、多分享,非常勤奋。像现在我看到您的神情,您的眼睛,我都很感动。所以我想向您请教一下,在您91岁高龄,身体也并不是特别好的情况下,为什么您不躺下好好休息?这样勤奋地讲学不辍,您的动力是什么呢?您希望做些什么呢?

许倬云: 时不我与。时间不多了,我剩下的时间预计不会超过5年。1949年,我父亲到台湾,郁郁寡欢,再加上抗战多年承受的辛劳,他60多岁就走了,母亲活到90多岁才走。我已经91岁了,剩下的时间已不多。我得之于师长、父母、亲戚、妻子、朋友以及社会的恩惠,太多太多了。没有这么多人帮我的忙,没有最近这几年太太将整个身心放在照顾我上,我活不到今天。

所以,我要尽力回报。不是回报一两个人,是要回报这个社会。所以,2019年许知远对我的那次访问是一个契机。我不懂得他带了那么多人,花费如此大的成本过来找我讨论问题,到底能发挥几分作用。没想到这期采访,在疫情期间有如此热烈的反响,相当于为我的晚年开了一扇向公众谈话的门。

没有社会的帮助,我长不大。小时候我摔到沟里,老乡们看到都会把我拉起来；六七岁我坐在村子里的磨盘上看到旁边人家做活儿，忽然尿急，一位老大娘帮助解决了我的问题。从小到大，在我需要的时候，常常有人帮助我，这些事情我都记得。

像老兄你与我素昧平生，花费力气组织这帮朋友听我谈话，我不感谢你吗？包括在座的年轻朋友们，肯花这个时间到了半夜三更还在听我们谈话，我不感谢他们吗？他们肯与我交流，我就感觉时不我与，只能拼命去做。待会儿结束以后，我就没有力气了，需要躺下休养一段时间才能恢复，我不在乎。

李善友：谢谢您，许先生。您的智慧，还有您的爱，隔着屏幕都传过来了，非常非常触动人心。

许倬云：我在做一个"儒家的和尚"。

李善友：您的身体先天残缺，少年时期又赶上战乱，但是您从来没有放弃，在学术上卓有成就，对于台湾的社会转型也贡献特别大，包括参与筹建蒋经国学术基金会等等。如果回顾您90多年的人生，您的使命是什么？您觉得您有没有实现自己的使命？您有没有什么遗憾？或者对您自己的一生，您怎么看？

许倬云：我的遗憾，是没有读更多的书，还有很多书没有读到。我遗憾的是如今已经91岁，不可能再有20年时间给我做事情。我不贪生，但是我感觉时间不够。我从不能坐到能站起来，从不能走到能走，直到今天，哪一步不是靠多少人的提携，多少人的帮忙？所以，我想尽其所能，回馈社会，把我心中所思所想讲出来、留下来。

李善友：您一生读了这么多的书，写了这么多书，居然遗憾没有读更多的书？

许倬云：要将我读的书与钱锺书相比，我读得太少了，他的书读得真多、真广。我们两家数代交情，也有多重亲戚关系。两家相距一百多步路，一过桥便是一条小巷子，他家就在那巷子里，我两个婶婶都是钱家嫁过来的。

李善友：许先生，很冒昧，我不知道怎么说这个问题：如果老天再给您也不知道多少年的时间，您最想做的一件事是什么呢？

许倬云：我最想做的事，是能够跑一跑、跳一跳，能够把太太用两只手抱起来，这就是我的愿望了。这种愿望永远无法实现，可我不后悔。父亲花了心思教导我，几位老师无私地传授我（知识），太太尽心尽力照顾我一辈子。世间的人情，许多已经还不了，欠的债太大了。

李善友：我可以替您看到，在场的年轻人眼睛里都有一些光芒。您能不能给混沌的年轻人一些寄语？或者给年轻人一些祝福？

许倬云：我祝福大家把握手上所有能用的机会，充实自己，提升自己。你们欠下的债，不见得比我欠下的债更多，也不见得比我欠下的债更少。你们也有无数债要还，也还不清。世间因你们而更美好，人生是一条"还债之路"。

李善友：许先生，感谢您用您的事功激励了几代的年轻人；更感谢您，写下了如此众多的著作，您的书在中国大陆卖得非常好，也将继续影响未来几代的人。但我想，今天最想感激的是，您作为一个人的这种生命的状态，不停追索、满怀感恩的状态，对世界充满好奇心的状态，这种谦卑的状态，这种对年轻人充满了期望，对人生充满了热望的状态，我觉得是您留给我们最好的礼物。再一次代表同学们感谢您，谢谢许先生。

许倬云：也谢谢各位，谢谢各位。

许倬云：请问一下你的大名啊？

李善友：李善友，"善良"的"善"，"朋友"的"友"，我是您善良的朋友。

我再说几句，我觉得挺感动的。一个从小残疾连路都走不了的人，一直被人托着往前走；而且又逢中国战乱，一生颠沛流离，从大陆到台湾，又到美国。许先生是一个从来没有放弃去学习、提高的人，读了这么多的书，著作等身，而在91岁对自己一生的评价居然是：我读的书太少了，我欠的债太多了。我觉得这非常难以言表，很震撼！

包括最后您对我们每个人说：你们有大把的时间，大把的机遇可以抓取，不要欠债。我想，这话是一位91岁的老者，在自己生命的最后时刻，用自己一生的生命所得出来的最大、最真实的发自内心的感受。此时此刻，您与我们分享，给我们寄语，我听了非常想流泪。

所以，也许我们眼前有很多不顺的事情，有很多的苟且，有很多的焦虑，有很多的不公平，面临很多的不确定性，但咱们眼前所面临的这一切最大的困难，再乘以十倍百倍，与许先生一生的遭遇比较起来，不值一提。

我们真的应该感恩上天给了我们这么好的机会。希望大家抓住这样的机会，好好学习，提升自己，充实自己。我个人希望向许先生学习，希望每天都要学习，努力地去讲，讲到自己生命的最后一刻。

许先生是我的偶像，给我带来了非常大的精神力量，我也希望像他一样。

谢谢大家。

附录二　前面的来路艰难，中国可能还是幸运的

——许倬云对话许纪霖

> 如果美国崩溃，中国是否有机会幸存？我算来算去，中国是有竞争机会的，因为我们经济体量大、幅员辽阔、人口众多。中国是否有能力，担起美国丢下来的担子？应不应该担？这都是10年之内，必然会发生的问题。

时间：2021年9月10日晚
地点：上海智慧湾科创园

许纪霖： 混沌的各位同学，晚上好。

今天是一个很特殊的日子，我们都知道，是教师节。我们都有过老师，对老师最大的尊重，在我看来不一定是送鲜花，更不是送礼物，而是什么？认真听老师的课，就是对老师最大的尊重。

所以今天我们各位都很有幸，在这样一个日子里，有机会听到许倬云先生给我们上这堂大课。

关于许先生，大家都非常熟悉了。我在上台的时候一直在想，该如何称呼许先生。因为我认识许先生比较早，通信的时候我是尊称他为"许公"。在中国文化里，如果你特别尊敬某位老师，大概会称其为"某某先生"。但是，你觉得和他有一种更深的情感的话，会将前面的姓也省略掉，直接尊称其为"先生"。所以我今天更愿意以"先生"的名义，来称呼许先生。

许先生，您好！

许倬云：我们还有一层"本家"的关系，宗兄，好久不见你，风采如故，问候嫂夫人。

许纪霖：谢谢。先生真是一位非常客气的长者，我们是两代人，但他每次写信都称呼我为家兄、宗兄，让我非常汗颜。我觉得台湾的学者，在这方面保持了非常好的中国文化的礼节。每次看到这个称呼，我就觉得很亲切，一下子拉近了和先生的关系。

先生，记得我们上次见面，如果我没记错的话，是在2008年，华东师范大学思勉人文高等研究院成立，其间先生起了很大的推动作用。您是在中国大学设立"高研院"最早的推手：中国"985"大学里第一个设立"高研院"的是南京大学，这是您一手创办的，第二所就设立在华东师范大学。那次您到上海来，是在我们的思勉高研院做一个主题演讲，我还陪您回南京。本来以为，这以后我们还有很多次见面的机会，但是各种阴差阳错，过了这么多年，我们今天才以这样的方式在网络上见面。说实话，我今天心里有点小小地激动。

许倬云：我是身体瘫痪，无法旅行了，不然的话会常常回来。看到你也很激动。

许纪霖：今天，混沌学园邀请我来担任主持，所以我就先利用这个"特权"提几个问题，然后和您做一些交流。

许倬云：好的，我客随主便。

许纪霖：记得我第一次见到先生您，是在1999年，我在香港中文大学做访问学者，您那天特地把我召到您在中大的办公室。所谈的话题，实际上和今天您讲的这门课、这些话题都很相似，是有关世界、人类的大题目。我一直深切感受到，在您身上存在着中国传统士大夫那种深切的关怀，这就是"家国天下"，这种关怀在您身上表现得特别明显。

今天我们在座的很多混沌学园的同学，相对来说，至少比我们年轻很多，都在从事某一个行业的具体工作。通常人们会认为，年轻一代对大问题的关怀，不如老一代这么强烈。我很想听听您的意见：哪怕处于一个具体的行业和工作之中，我们是否依然要关心更大的世界、更大的问题？为什么这些关怀依然是需要的？我想听听您的看法。

许倬云：我之所以习惯于思考大的问题，关心大的世界，与我们这代人的命运有关。抗战期间，国家面临生死存亡，我们这些人在战火中逃难，时常觉得不知往何处去：假如国家亡了，我们就要做日本人的奴隶；如果国家侥幸没灭亡，下一刻也可能有炸弹在头上爆炸；此外，逃难途中冻饿而死或倒毙途中，都有可能发生。这种危机意识里长大的人，一定会关心大题目。

我们不能只想到下顿饭有没有的吃，那已经不在话下了。如果我们不往大处想，我们就没有办法理解：为什么日本人会打我们？为什么我们中国不肯让步？中国和日本之间的战争，就是"你揍我，我就揍回去"，反复的拉锯战、消耗战。抗战期间，损失最大的是1937年，以及最后三年日本的"冲刺"。当时的中国兵微将寡，之所以能抵挡如此冲击，就是因为拥有强烈的危机意识。

等到抗战结束，又看见兄弟阋墙，这让我们极其心痛：一个国家分成两半，我们心里难过，这也逼得我们不得不往大处想。

我时时刻刻面对的，都是大问题。今天是教师节，明天是"9·11"事件20周年纪念日。二战以后，美国本土从来没有发生过如此暴力的事情：几十层楼高的大厦被撞倒、起火，近3000人死亡。这一事件在我们心里，作为一个标志直到今天，我认为这是美国当代史的一个转折点。我为什么提这个事件？我想告诉大家：前面的来路艰难，中国可能还是幸运的。今天我身在美国，感觉这个国家正在走向解体，其标志就是"9·11"事件。"9·11"事件以后，美国在中东打了20年战争，名义上是要控制恐怖分子，其实不止如此——"9·11"事件以前，美国已经在中东发动多次战争。

美国在阿富汗战争的泥潭里陷了20年，苏联也曾在阿富汗纠缠10年之久。20年间，美国前后派出数十万大军。在美国历史上，这是莫名其妙、史无前例的"持久战"。这场战争为何发生？为何又能持续如此之久？这是需要美国检讨的问题。

为什么近代以来的现代化走得如此顺畅，最后还是爆发了两次世界大战？二战结束以后，新的秩序理当重新建立起来，罗斯福在二战期间提出的"四大自由"讲得非常动听：言论和表达意见的自由、宗教信仰自由、不虞匮乏的自由、免于恐惧的自由。美国在战后采取的态度，是要帮助欧洲、日本及其他地区战后重建——如今回顾，最初的好意无不逐渐转变为非常狰狞的面目。

苏联解体以后，是否美国标榜的"自由民主"四个大字，就可以落到实处呢？美国继续以领导者的身份，在世界各处发动战争。然而，20年来美国所发动的战争，几乎没有完全的胜利，反而是内部开始崩溃、瓦解。

大家不要以为，我是故作惊人之语。美国人的立国精神是个人主义，他们"无中生有"在新大陆上建设这个新国家。其实，所谓"新国家"是踩着印第安人的土地和尸体，抢占他们的资源建设而成的——但是，美国自称为"理想的新国家"。对那些土著而言，没有民治、民享，只有无尽的掠夺和杀戮、奴役。为什么国家都打得如此穷了，还要继续发动战争？美国是世界上最大的一条船，大船沉没时，不要说旁边的小船会被卷入漩涡，海底里的鲸鱼都要翻个身。美国这条大船如果沉没，全世界经济会一起崩溃。如此情形，逼得我不能不想这个问题。

如果美国崩溃,中国是否有机会幸存?我算来算去,中国是有竞争机会的,因为我们经济体量大、幅员辽阔、人口众多。中国是否有能力,担起美国丢下来的担子?应不应该担?这都是10年之内,必然会发生的问题。那时候我101岁,可能见不着了。但是我依然盼望,如此的悲剧不要发生,因为我的儿子、孙子还将继续生活在美国。

为什么我说美国会瓦解?1945年太平洋战争胜利,一大批回国的大兵带回外面的讯息。那些讯息使美国老百姓忽然警觉到,原来自己一直在关着门过日子。他们原本以为美国是最好的国家,以为美国是最有使命的国家。此时,他们就开始反思:美国文化及其所主张的信念,是不是全球唯一、最好的价值观?美国的使命,基督徒所期许的上帝的宠爱还在不在?为什么不信基督教的国家,例如中国、印度等地,他们虽然穷困,但过得如此有意义?为什么中国几乎亡国,可硬撑着也挺过来了?

其中一条路,我们到现在看清楚了:美国以其"大熔炉"的条件,将全世界各处的人才,包括穷困的劳动力容纳、吸收——这些人在"新世界"能过上好日子,也为美国经济、社会发展做出了自己的贡献。与此同时,许多弱势民族的移民,得不到应有的待遇。非洲无辜的部落老百姓,在西海岸被葡萄牙人拿枪逼迫上船,交给英国人以后,用锁链锁住脖子、肩膀或脚踝——一共运了约3000万人，幸存下来的大概是1500万，在海路上就死了一半。为什么非裔族群经过内战，没有得到真正的解放？为什么一批批新移民到这儿，投身美国的建设，中国人建设铁路、开发西海岸，巴尔干人投资美国的钢厂、铁厂、汽车厂，东欧人投身于农场的开发，他们都在各司其职，为什么族群的界限还是那么清楚？为什么只有白人是统治者，别人都是"低等种族"？如此种种问题，到战后美国人才开始反省。

美国自由主义知识分子开始反思、反对这种事情，鼓动弱势族群争取自己的地位。尤其是美国黑人，虽然内战以后脱离了南方农庄，到北方的工厂工作，工厂的工作条件还是一样差，工资一样低，与白人的工资不能比。一百多年来，有识之士一批一批在追问：我们讲的自由、民主、平等、博爱，为什么我们没做到？原因在哪里？

我后来与美国知识分子讨论，原因在于：他们立国的基础是个人主义。上帝对信仰他的个人有恩宠，但是基督教的教旨之中，要求每个人要对自己的行为负责，其行为的好坏，是上帝早就预定的——不是因为你做得好，才获得上帝的宠爱；而是因为上帝特别宠爱你，所以你才做得好。这是马克斯·韦伯研究了几种新教以后，得出的判断。如此情形，使得美国的立国基础是个人主义——信徒是上帝拣选出来的，可以不屈服于国家或任何他人，但个人向神屈服。所以，他们认为这些人是异教徒，是被上帝遗弃的人，也就意味着黑人、印第安人，或其他不信仰基督教的族群，是不值得尊重、可以随意欺负的。

所以，个人主义意味着"我拥有尊严、自由、平等"，下面一句话就是："你没有，是活该的。"如此姿态之下，个人主义发展到后来就是：个人要伸张自己的权利，却躲避对群体应尽的义务。

每年4月16日，美国报税。此前一天，美国人都是整整坐一下午，当天报税，一点都不让国家占便宜；但是，国家提供的所有福利，许多人张口就要，百万人请愿拿政府补贴，也不愿出去工作奉献社会。如今的美国社会，不论你为社会创造多少价值，政府福利都可以养活你，从摇篮一直管到坟墓。

我儿子是思想非常自由的人，已经50出头了。他们这一代人非常善良，甚至不愿意讲"黑人"两个字，要称之为"非裔"。如果有人批评这个族群的人太笨、太懒，我儿子他们会很生气，说你不能因为一个人打倒一船人，要尊重他们。可是，当今美国的年轻人，他们觉得自己的尊严不能丢，也要尊重他人的尊严，彼此间界限划得很远，等于是群体被解散了。所以今天的美国，扶轮社、青商会、共济会，包括过去非常强大而活跃的工会、农会，都无复往日的影响力了。

我们夫妻年迈以后，儿子从国外回到匹兹堡，住在我们旁边，就近照顾。他的朋友，对父母都没有这种态度。美国的老年人基本上进养老院,孩子也不在旁边。一大群老人住在一起,每个人都孤孤单单。子女能打个电话,就很好了。我弟弟有三个孩子,还有外孙、孙女,每个礼拜六我们两家所有人都一起聊聊天,这已经是很了不起了。

我在美国生活了60年,当然,中间大陆(内地)与台湾、香港地区都回去过,眼看着美国社会一步步走向涣散与崩解。所以,我前几年出了本《美国六十年沧桑》,简体中文版名为《许倬云说美国》,英文版也刚刚出来:*American Life: A Chinese Historian's Perspective*。有些美国学者读完以后,认为这本书对美国的分析相当真切。在这本书中,我表达了对美国的忧虑:美国正在一步步走向瓦解,这一西方文明的"灯塔"一旦倒掉,会造成文化上的大恐慌。无可否认,我们两岸也很崇洋媚外。但是,对此瓦解我们要有所准备。

我有个老朋友,是一流的学者,他认为"自由民主"四个字是神圣的。我和他辩论:政治制度和现实的执行,往往是"两层皮";今天自由民主的世界在滑坡了,愿意做事情的人不投票了,被资本操控的政客用金钱或政策来贿赂选民。资本主义走到今天,还衍生了"货币主义",造成了金融上的许多风险。我们为了自己的存在要检讨,为了世界全体的存在,我们也要检讨。

许纪霖:先生,我代同学们再向您提一个问题。因为这两年全球暴发了新冠疫情，去年被称为"新冠元年"，今天整个世界还没走出这个疫情。大家都很关心，因为新冠疫情暴发以后，改变了整个世界的格局，还有各国治理的模式，很多人对自我的认识甚至都发生了一些变化。所以好多同学都想听您谈一谈，对新冠疫情这个问题，您有些什么样的看法，可以和同学们一起分享？

许倬云：去年讲了一个系列的课程，叫"许倬云十日谈：当今世界的格局与人类未来"，针对的就是这个问题，图书版很快就出来了，几个方面的思考讲得很清楚。面对疫情，拜登政府的无能，特朗普政府的无知，都在处理疫情时露了真相。英国政府迟钝，对疫情的处置实在是一塌糊涂。德国和日本控制得很好。中国台湾地区一开始控制得很好，是一批有经验的专家在做事，后来被政客插手弄坏了。

许纪霖：最后，我表达一下自己的心愿：我希望这个新冠疫情能够早点结束，能够早一点再见到您。在我心目当中，您一直是中国文化的托命之人。也就是说，您一直自觉承担着中国文化复兴的使命。所以我想，您哪怕是为了我们中国文化，为了中华民族，当然也是为了师母，您也一定要多保重，我们祝您长寿。

我最后有一个提议，向在场的各位同学，我们能否一起来说三句话，表达我们内心的感谢，并和许先生告别？我们一起说:"许先生,节日快乐,谢谢您,好吗?""一,二,三,许先生,节日快乐,谢谢您。"

许倬云:今天的朋友们都很年轻,上次的朋友岁数大一点。谢谢。

许纪霖:下次再见,先生再见。

附录三　从中国传统文化精神资源，求得安心所在
——许倬云对话余世存

中国文化的根源是什么？我个人认为是"相关性"：人与人相关，人生的境界与所有的德行、善行相关，个人与邻里、宗族、社区、国家相关，由此构成大大小小不同的圈子。

时间：2022年12月19日晚
地点：杭州网易未来大会思想之夜直播

各位朋友，我是许倬云。

今天我在网络上与大家见面，想与大家讨论一个问题，也是我多少年来最感觉困扰的问题。我觉得，必须要将自己的想法整理一下。为什么我最近会感觉困扰呢？倒不完全是因为我生病和瘫痪，更令人难过的是最近的世局：世界上的冲突正愈演愈烈。凭借一个本来强大的美国，所谓"美国领导的和平"代替了"英国领导的和平"（Pax Britannica），现在这个和平维持不住了。这个国家本来秉持着民主自由的理想，到今天却沦落成一个只有钱财才可以买到公平和权力的局面。美国主要想完成的工作，是继续维持其霸权，而不去想霸权后面的意义是和平、共处、交流，是世界的共同福祉。如此，才造成了世界今天的混乱局面。

美国人将与他们制度不同、文化背景不一样的中国当作假想敌，甚至摆明态度，说中国是美国的敌人。如此情形使世界不安，而且让中国无缘无故卷入旋涡之中。令我更感困惑的是：一方面，美国内部在崩溃、在解散，美国过去的文化传统要素在一个个流失，这个是大困难；另一方面，中国近百年来，以模仿西方为主要目标，到了今天忽然发现这条路走不通。经过几次反复，大陆和台湾各自走出一条路。这两条路可合，也不必分，更不必冲突。这两条路中间有什么相似之处，有什么相悖之处，双方可以探讨。而中国在摸索这条道路，这70多年来也走得很辛苦，颠颠簸簸。

最近，经过一段繁荣期，我们所面临的世界的局面也不一定会有同样的机遇。我们是跟着美国被拖下水？还是自己不下水？还是说帮助人家浮起来？这是当前要思考的大问题。更重要的是如何安顿内部，如何在找路的过程中不迷路，以及在找路的实践中不要自相冲突。中国这条船太大，不能沉，沉了的话我们14亿人一起下海，地球也会跟着一起沉。

这个感触，使我今天要回归讨论这个问题，即中国传统文化里哪个特别的因素，是维持中国这么久的关键；是不是同样的因素，也是我们的答案之一，可以用来解决我们今天的问题？这是今天，我想与大家一起讨论的主题。

唐宋以来，中国的儒家思想本身发生了相当重要的转变。这种儒学整理运动，从唐朝开始，在宋朝完成，到了明朝的心学才算结束。也就是说，儒学传统在中国历史后半段，有了整盘的、全面的整理。这与汉代儒学很不一样。

这是个思想史的题目，我一辈子的工作是研究社会史、经济史,思想史不在我的研究范围之内。所以这就"侵犯"了我的老朋友,即余英时、张灏、林毓生他们三位的研究范围。我心里也很难过,这三个人是我的老朋友;过去有关思想史的问题,我常常和他们讨论,借此厘清一些条目;他们也常常找我聊天,拿一些问题厘清一下。四个人里面,如今只剩我一个:去年是英时离开,今年是张灏和毓生离开。我对这三个老朋友谨此致以无上的敬意,以寄托哀思。

我为何会思考这个问题?因为最近看到中美两国的斗争,我就想起唐朝。大唐极盛的时代,东方有个唐帝国,欧亚相交处有个波斯帝国,这两大帝国遥遥相对,中间并没有阻隔。而且因为两个兴盛的帝国存在,所以亚洲整个秩序其实是相当安定的。此时还存在一条宽大的中西通道,经过中国的西北到今天的阿富汗以及两河流域、阿拉伯半岛,一路非常畅通,其结果是造就两边辉煌的时代。

大唐的声威,大唐的风华,时至今日都令人神往。来来去去的商贩,运出去的不仅有我们的初级产品,还有丝帛、陶瓷,这两种商品为中国换来许多物资。同时,这种大规模的中西贸易,也吸引来各种各样的胡人,无论是如花的胡姬、壮健的昆仑奴,还是善于作战、桀骜不驯的番将,都是如此进来的。当然,还有无数马匹被引进中国。

这种大规模的交流形成的这条通道,更重要的影响是西方的因素,尤其是中国以西的一些宗教信仰,被带到中国:主要是祆教；基督教的别流——景教；还有祆教的后身，即中亚一带出现的"救赎信仰"；以及佛教。这几个大的宗教进入中国，造成极大的影响，我今天集中讨论的是它们对儒家的冲击。

我想诸位都记得，韩愈写过一篇《原道》，引发了唐人回归儒学，以及中古时期儒学的大整理和大修正运动。为什么韩愈要写这篇东西？因为当时外来的宗教，基本上都是信仰类似上帝的"人格化的神"；那些宗教思想，几乎都有二元对立的特点。佛教也在唐朝的时候开始兴盛，不仅用正反合，还有一个虚空的取向。这些宗教传入中国，抚慰人心之外，也给出了生死之间问题的答案。

可是对中国而言，当时是儒家衰微的时代，其缘故很多，主要是南北朝时期，儒家仅存留在坞堡后边的世家大族中，北方胡人建立的国家几乎没有学问了；而在南方，走的是道家的方向和佛教的方向。唐宋以降，统治者重新捡起了儒家。因为老子姓李，李唐皇室也姓李，所以唐代尊崇道教，其位阶高于儒家。所以，儒家在唐代处于一个寂寞的时期，比较受冷落。

韩愈看到这个问题之后，正好是唐朝需要重新检点自己的时候。"渔阳鼙鼓动地来"，打断了"霓裳羽衣"的欢乐和喧哗。这个打断等于是从极盛迅速衰弱，乃至完全破碎后的重新整顿。后面就是白居易的《长恨歌》，"此恨绵绵无绝期",当中多少喧哗、热闹、荒唐、糊涂,到后来终是一场空。这是一个大的转变。开元、天宝,如此大起大落,不可能对中国人没有影响。白居易的《长恨歌》,就是对一个时代的哀悼和悲叹。

韩文公就提出:我们究竟安身立命在哪里?他提出"原道",认为天地之间应该有一个永恒的道,永恒的真理,而不是浮于面上的彩色,也并非喧哗的热闹。韩愈在何时提出这一问题,就是在安史之乱将整个大唐盛世摧毁以后。韩愈是当时的文坛领袖,他为之悲叹。这是大家一致认为的重新整顿儒学的开头。我有时也喜欢读点诗词,柳宗元、刘禹锡的诗词不亚于李白、杜甫,也不亚于元稹、白居易的诗词。元稹、白居易与柳宗元、刘禹锡,这四个人是中唐以后的重要角色。而在四人之中,我特别注意到柳宗元和刘禹锡与比他们辈分高一点的韩愈之间的一番对话,印证了韩愈的《原道》。柳宗元拿《楚辞》里面的《天问》来回答了一番——《天问》里的内容不全是屈原写的,我觉得是一种集体创作,许多天地之间奇怪的事情,重要的问题,传奇的人物,一个个提问:天为什么不掉下来,地为什么会崩掉,大水为什么会淹……这类事情,天上地下的他都问,叫"天问"。

柳宗元提出的"天问"是一个理性的质问,一个大的问号:究竟周公、孔子定下的一套,还有用没用?那套为什么不解释天地之间的大问题?为什么只讲人生不讲天地?韩愈就回答：天道是无常的，我们要找原来的永恒道理在哪里。从他们俩的对话可以看出，他们要将玄虚拉到真实，要将天地之间神道的事情拉到人间，这个选择非常重要。

世界宗教史上，欧洲的宗教史最完整，起起伏伏几个来回：从人间拉到天上是耶稣上十字架；从天上拉到人间是形成教会；这个人间又拉回天上，是确立教皇制的教权；将虚幻的教权拉回人间，是宗教改革。同样，神圣的天主教、基督教的承诺，面对着理性的时代，必须要回归科学的理性。而科学本身，居然由牛顿时代的肯定和武断，变成了近代的否定和疑惑。

中国的儒家在南北朝时被遗忘，唐朝只是捡起来个名称，将若干经书重新注解。但是，汉朝留下的董仲舒、司马迁的遗产，没有真正被整合进去。所以唐朝的儒学相当残缺，基本上无力对抗西方来的这些宗教，甚至不能对抗本土的道教。所以，这时的儒学在读书人身上。要记得韩愈是个读书人，而韩家是世家大族。唐朝当政者是士族，中唐以后，士族与学者之间才有冲突和对抗，也有融合和交替。这个关口，正好就是我讲的韩、刘、柳三人所处的时期。

最后，柳宗元与韩愈对答，而刘禹锡就在《天论》里面回复：天地之间不是没道理，天地不只是一块。韩愈说土壤上面长东西，土壤本身没什么神圣可言。柳宗元这样说：但是土壤上面的东西长得好不好，取决于有没有人栽培，有没有人整理，有没有人为其剪掉残枝败叶、松土、施肥、除虫。

刘禹锡回答：你的《种树郭橐驼传》讲的是养植物，我们说的是怎么"养人"。天地之间有个"至道"可以养人，人养在天地之间，不是个寄生的东西，而是作为天、地、人三才之一居于"人间"。上合天道，下合人道，这何尝不好呢？

陈寅恪先生写《隋唐制度渊源略论稿》，对于南北朝的渊源，以及唐代政治史起伏的研究，他注意的是士族和学者之间的冲突，并没有注意到思想史课题。所以这三篇来回，很有趣。我不太记得在哪一家里面有过讨论，"新儒家"从来就是追到韩愈为止。

我觉得这一段填进去，才能引发周敦颐以太极来做结合的一个意图。因为太极是宇宙，宇宙就是《天问》《天论》里的"天"，"天""人"以儒家的道理来结合。所以，周敦颐一方面设立儒家的"天"，另外一方面要用儒家的"诚"和"敬"，就是《中庸》里面的"诚"和"敬"。"诚"和"敬"是什么？"诚"，是诚心诚意，全心全意；"敬"，是把检讨自己，以及检讨自己和太极之间的关系当个事儿。出发点是：太极不能看你，要你来看太极。太极是个动的东西，阴阳互动、和合、交替，都是动态的。天地是动态的，天地不是个背景，天地是一种力量——天地也是物，大的物；所有其他的物，都在天地、宇宙之间。所以，太极和《中庸》之间的对话，就是"天"和"人"之间的对话，也就是"人"怎么回答

"天"："天生万物以养人，人无一物以报天。"在这种情况下，必须要整理。在动态之中，人是不是动态的？人有七情六欲。

天地之间的关系，如果是对立的，那么用人间来问天，就是不够的。假如说"天人对立"的话，"天"和"人"就要互相回报——天养人，人无一物报天，这是不对的。人是天的一部分，是万物之灵。万物之灵如何面对天？不是对立，是融合。因为天人之际，还有各种大大小小的空间。用我们今天的话来说，是种种不同维度的空间。我们讲现实的四个维度：点、线、面是三个维度，时间是第四个维度。我们所处的地球是一个大空间，太阳系是一个更大的空间，太阳系之外星河横亘，存在成千上万个太阳系，这是更为广大的空间。

我们现实世界的各种物质，是由分子、原子、核子等组合而成的网络结构；人的身体，也是由器官、细胞等组合而成的一个循环网络系统。大至星系，小至人体、细胞，都是既有质也有能量的存在，维持一个动态平衡的结构。我们通常感觉地球是静态的，其实地球本身的存在，就依托于内、外部力量的平衡——地球的地核深处有向外的张力和高温，而地壳本身以收缩的静态维持平衡，如果这种平衡局部被打破，就会造成一个地方火山喷发；地球之所以能够停留在太阳系的固定轨道，也取决于地球与太阳之间彼此的引力和张力维持的动态平衡。

所以，从个体生命的视角，两眼望天，这并非"天问"。我们需要做的，是认识人在宇宙中的位置：人在天地之间既非主人，也不是"废物"；人的存在，使这个大宇宙的存在得以确认；每个人都可以经由自己的努力，使这个大宇宙趋于完善——少了人类所存在的"人间"，没有人类的绵延万代，没有左右邻居、亲戚朋友构建的复杂网络关系，整体人类就无法形成合力，参与塑造、解释我们的生活乃至宇宙世界。这一"天人合一"的思想境界，就是儒家在宋朝整合的主要目标。

程朱理学的方向是整理规矩，将天、太极到诚、敬之间的关系具体地列出来，从君臣到父子的五伦理出许多条条框框。如此一来，我们看见儒学发展到宋朝的道学（理学），其实所讨论的是一件事情；其主要的方向，就是沿着周敦颐提出来的问题，一步步走到具体的方向，使人的行为有可遵守之处。

但是，程朱等人忘了人的行为后面的动机是"心"，"心"的后面是"天"。朱夫子常常讲"源头活水"，但是似乎这批儒学家并未真正理解"源头活水"的意义，他们更加注重条条框框的规范。

心学在宋朝初露端倪，到了明朝终于蔚为大观。我认为心学的出现，才能回答刘禹锡在《天论》中所提出的问题。考察整个儒家体系的发展，大的转折应当从唐朝盛极而衰开始往下寻找。安史之乱的剧烈变化，使当时的中国读书人内心许多的承诺、理想、可能性，都在惨痛的现实之下化为泡影。如此现实，也迫使他们往内探寻自我的存在。

如此思想上的转型，也是宋明以来的中国社会，一直在面对、处理的课题。而此前中国社会所面对的，则主要是来自佛、道两家的刺激——都是回到虚空，回到"无"；从存在到否定存在，"否定"才是永恒。如此取向，与儒家所秉持的积极入世的理念，走的是两条路。

近代以来，来自西方的基督教文明气势磅礴，乘着军舰、飞机，携着大炮和炸弹而来，倚着英镑、美元的力量无往不利，直到今天依然是横扫世界，无可抵御。可是，基督教在其本身起源的欧美世界，正在面临大的疑问：这一专断的一神信仰，具有强烈的排他趋向，它是趋向割裂、分散的，这就使这个社会趋向个人主义之下的离散。而儒家文化长期影响下的中国，从太极到诚、敬之间，是趋向整合、融会、贯通的。极端的个人主义，会逐渐把人变成一匹孤狼，家庭、教会、工会、行业组织等日渐解体，大家在"自由"的名义之下渐行渐远，个体对群体、个人对家庭不再负有责任。这就是当前美国正在发生的种种问题。当然，过于极端的集体主义，也会产生另外的问题，我想这不必多言。二者之间如何调和？如何把握二者之间的边界？我想，这是未来世界需要面临的课题。

儒学之中重要的一点是：承认人是群体之一，承认群体是个体的总和，个体和群体之间有相对的权利义务关系。自然世界大大小小的系统和网络也是如此，层层套叠、纠缠，上下连贯、彼此呼应，构成有意义的、互相呼应的大宇宙。在基督教本身"左支右绌"之际，儒家这一套可以居中起到很多调和的作用。

人与人、国家与国家的关系，不只是相互冲突或彼此牵制，更重要的是取长补短、互帮互助——大家团结在一起跳广场舞，不比一个人在沙漠独行好吗？我们以集体为目标来思考，大家共同构建一个全球人类文明共同体，比希求得到上帝的特别许可，让人回到伊甸园更有现实意义。伊甸园很大，伊甸园需要人耕种，如果在伊甸园吃苹果的话，会被赶出去。伊甸园外面有更多的土地需要我们耕耘，更广阔的世界需要我们与其发生关系。

儒学是积极入世的学问，但儒学并不主张群体压倒个体。"中国特色的社会主义"，其"特色"何在？我认为就在于中国这一套群己之间，天地宇宙与生命个体之间的大模型。多少年来，我一直对此持有信心：我觉得中国作为一个文明体，已经被冷落了四五百年。

心学发端于宋，真正被提出、讨论，产生广泛影响，则是在明代。而打断了这一学问脉络的，是清朝的科举之学，这是可以接续到当下的文化传统。此外，我们的"形名之学"

要重新捡起来：不要将其视为医学、心理学，它是有关人生的学问，包含治国的道理、处世立家的原则。有如此想法，并非因为我从小在儒家的传统中长大，而是因为对此我确实有充分的信念，也觉得这条路应该真履实践，一代代人共同走下去。

我的老朋友余英时，他在付诸实践。他的为人，外在是很温和的绅士，里面有儒家的谨严约束他，使他本人成为儒家文化培养出来的一个样本。所以他说："我在哪里，哪里就是中国。"这句话他可能讲得简化了，我认为他的意思是：我在哪里，哪里就存在一个中国文化的"产品样本"。

张灏一辈子都在讨论"幽暗意识"，"幽暗意识"是一个否定的部分。我与他讨论："幽暗的对立面就是光明。"他说："对，我就是觉得要看见什么是幽暗，才明白光明之所在。"这恰好也就是程朱理学所言："不欺暗室。"我们能见到幽暗，即可点亮自心，烛照光明。

林毓生自师从殷海光以后，对"自由"两个字的信念非常真诚，他对"逻辑思考"这四个字也非常坚持。跟随哈耶克学习以后，他所从事的是非常严谨的法律学背景的规律研究和阐释。所以，他一辈子信守自由，从未放弃。这是三位老朋友他们各自坚持的取向。

我的研究不在思想范畴，实际上更注重社会、经济、文化史。天人关系，当下与未来的关系，生命个体与精神的关系，物质和精神的关系，始终是我所关心的主题。如此说来，这番讨论不算越过我的本行。

我从自己的角度向各位报告，也希望大家能一起讨论。希望这种讨论不是在网络上一闪而过，而是能埋在各位心里，谢谢各位。

对话实录：

余世存：许先生，您好，特别开心前不久听到您的回应。您谈到李慎之的那一段，我特别有感触，因为李先生生前也和我谈过很多话。我觉得许先生也好，李先生也好，你们都属于一个"神圣家族"中的一员，这是一个精神家族。

十几年前您就再三申述，以西方文明为模板的现代性的文明，已经进入一个历史的关口。而最近这几年，您的看法更加悲观：您对美国进行了很多批判，对美国进行了很多批评，这是很多人都注意到的一个很有意思的现象。因为我们在中国生活，对美国和西方的感受，可能与您有点不太一样。而且，您是更倾向于从被打倒的文明当中寻找出路。所以我就想知道：英美模式，还有我们中国的模式，它们的着眼点和出发点究竟有何不同？我们是否应该全盘接受西方的模式？如果不应该的话，我们应该如何立足于我，混杂他者，来设定和规范自己未来的发展道路？

这其实是百年来一个反复被讨论的话题。假如说民国时期可能主要是精英阶层在讨论，那么在当下中国，可能我们普通人也都在思考这类的话题。所以，也想听听许先生对此话题更进一步的阐述。

许倬云： 这个题目非常大，不能从百年前算起。假如从基督教、犹太教的源头开始讨论，西方文明所注重的是人、神之间的关系。宗教改革以后，教廷的权威被打破，人、神之间必须有直接的联系，才能显示某一个人承受了上帝特别的恩宠，这个人的成功，并非他的功劳，而是上帝给他的回报。此处的"恩宠"，没有道理可言，只是因为"相信"。所以，那些不在上帝恩宠之下的群体，比如非洲人和印第安土著，就活该倒霉。基本上，西方的个人主义，就来自近古以来的"新教伦理"。

宗教改革以后新教出现，完全回到当年一神教的原教旨，配合在一起的是科学革命，西方人由此树立了文化自信。牛顿、达尔文则对其赋予了双重肯定：牛顿经典力学体系，对于大千世界、天体力学的解释清清楚楚，我们可以明确地知道宇宙是如何运作的；达尔文的生物进化论，也可以合理解释动植物演化的方向——基本上是往外扩散（evolution），向最有利、最适宜的方向去走，适者生存。

在此基础上，就出现了第三种意见：资本主义的资本论。这一观念认为，国家财富可以一直增长，老百姓的财富也随之增长——增长来源则是以剥削、掠夺为主的海外贸易。与资本论几乎并行出现的，是马克思的科学社会主义：这一理论如同达尔文的进化论一般，主张社会是往前进步的，最终的方向是社会主义。

所以在这四种意见综合影响之下，就排定了世界上不同族群先进与落后的次序：白人最优秀，白人对全世界其他地区的掠夺和占领，也成为近三百年来看似天经地义的事情。美国内战结束以后，法国人托克维尔对美国的民主制度做了一番检讨：美国民主制度肯定了个人，忘掉了社群。但是，托克维尔认为的社群，是指教会组织、地方性的教区组织，还有同业工会、社区等。他的判断，我认为相当有先见之明，而他的《论美国的民主》则是美国历史上的重要文献。

在此乐观主义之下，美国占领新大陆，然后开始对外贸易，参与白人国家间的竞争。沿着欧洲工业国家发展的模式，美国掠夺非洲人、黄种人的劳力，以及印第安人的土地与矿山，成就了19世纪以来美国辉煌的工业革命：经济飞跃，财富集中，国势持续走强。经过两次世界大战和与苏联的冷战之后，美国一家独大主导世界的局面形成，直至今日。

直到中国忽然崛起为"世界工厂"，依靠众多的人口、低廉的成本，迅速发展成为世界第二大经济体，不仅与美国抢占市场，甚至在新技术、新领域对美国构成挑战，这才造成近年来全球性的经济困局，以及全局性的不安。

二战以后，物理学从牛顿经典力学转变为爱因斯坦相对论，前述牛顿以来肯定的、正面的、积极的宇宙观，以及达尔文的进化论，就并非绝对了。此后的物理学发展，更是进入量子力学阶段：量子物理的世界是一个无可奈何的、"不可测"的未知世界，物理学本身无法整理出头绪来。最终，物理学对世界的解释几乎等于佛教的《华严经》对世界的解释。生物学上，我们对基因的理解越来越复杂，因为基因本身又可以分割出许多小粒子。

当今世界面临前所未有的思想危机。美国所代表的资本主义国家进入工业社会，巨大的产量使公民生活富足，良好的社会福利导致用工成本高昂。年深日久，美国早已失去了生产优势。当年美国的优势有赖于武装掠夺，从马背上的武力转变为军舰、飞机上的武力，乃至核战争中的武力。

我在匹兹堡居住已超过五十年，这里本来有若干欧洲来的劳工社区：德国山、波兰山……一个个以山头为标志的劳工社区，现在徒有其名。我隔壁邻居是犹太人，他家世代在匹兹堡住，开过好几个电影院，是中等以上的人家。昨天搬家，离开以前他和我们讲："我家在本地原有一百多家亲戚，现在只剩二三十家；子女外出读书、工作都不回来了，我们也要搬去和子女共同生活。"当年是逐水草而居，现在逐子女而居。他很舍不得这个地方，一草一木都觉得很熟悉。在过去，亲戚之间的情况彼此都知道，谁家有难大家共同分担，谁家有喜事大家共同喝酒庆祝。他说:"我到养老院里感觉孤零零的,我该怎么办呢?"我想借此案例说明,美国个人主义的离散,与大文化本身的转折点有绝对关系。

从19世纪末到现在,中国吃了大亏,于是"唯欧是从,唯美是尚",认为他们的东西都是"普世真理",虽贤者不能免。我在台湾与一个最好的朋友辩论:我认为美国、欧洲的"普世价值"不"普世",他则一生信奉自由主义。我说:"自由主义和个人主义是两回事。个人尊严、个人人格是一回事,自由主义的放任、任性是另外一回事。强权压迫是一回事,自由主义能不能顶得住,和个人有没有肩膀、有没有骨气是另一回事。"

近二百年来,中国至少经历过三次大战争:太平天国运动、抗日战争,以及抗战胜利以后的国共内战。此后的中国,好不容易得到七十多年的喘息之机,这个机会不容易再来;已经浪费掉前面三十年,后面四十多年走到今天这个地步不容易。

我们往回追溯:中国文化的根源是什么?我个人认为是"相关性":人与人相关,人生的境界与所有的德行、善行相关,个人与邻里、宗族、社区、国家相关,由此构成大大小小不同的圈子。比如江南士绅集团与湖湘集团,在近代中国就是极其重要的两个圈子,其间的人才对于近代以来的中国现代化,做出了极其重要的贡献。

中国传统文化中，人与人、人与天地、人与社会，都是重重套叠、层层相扣的一张大网，近乎今天层层套叠的量子宇宙。我们为何要将美国的社会观、群体观奉为圭臬，不回到层层套叠的中国传统价值观呢？

这个圈圈相套、层层相连、一通百通、一淤百淤的大网络，如果使用得当，其发挥的力量会非常强大。我觉得回到这一条路上，比谈孔孟乃至儒家之学更重要。这牵扯到董仲舒整理出来的中国的宇宙观、天人感应观，或许我们可以借此替代欧美所主张的个体与上帝单独的关系，使孤立的现代人有所依靠。

余世存：许先生，您刚才讲的内容我特别有感慨。其实我读您的《许倬云说美国》那本书，读到您在匹兹堡50多年生活的感受，包括您刚才又讲到犹太邻居离乡背土"逐子女而居"，这与中国人现在的感受其实是一样的。所以，我读您那本书，时常觉得您似乎同时也在讲中国的事情。我们感受（20世纪）60年代到70年代的中国，它的社区文化、集体经济，还有城乡各种自助组织都非常多。但是改革开放这些年来，中国其实已经从安土重迁的传统社会，转而成为一个变化极为剧烈的社会：很多家庭都从农村进入城市，甚至在北京、上海、广州这些一线大城市安居乐业，很多老年夫妇退休之后，就跟随子女住在省会城市，条件好的就住在北京、上海等大都市。

这就让我想到中西方的差异……

您刚才讲的量子物理学证实的现象，还有《华严经》大圈套小圈的这种结构，我们可能在历史上听说过。然而，在现实中国好像又没有见过这种大圈套小圈的相关性。所以，我们现在也面临一种情况，即现在的中国人与西方人的差异，比现在的中国人和传统中国人的差异小得多。我们可能都已经被纳入您说的个人主义离散的现代体系里面去了。

所以我们就想知道，当前中国传统的人际关系已经被颠覆了，我们该如何认知和处理传统中国人与现代人的差异性？如何在世界性的危机中解困？人与人之间的关系究竟应该如何构建？虽然您刚才提的那种理想，我们也很赞同——就是丰富人的相关性，但是怎么从具体的生活和社会关系中来建构这种关系呢？

许倬云：中国的政府是相当强的。若要使中国摆脱现在面临的困境，这个特殊现象可以用来"解套"。此话怎讲？一个庞大而复杂的社会，如果变成许多有机体的结合，其内部的充实、强大和灵活，远比一个大集体直接拉动14亿个体更为方便：从国家到个人中间，至少有五六级，现在基本上是以地理状态在管理。我们有34个省级行政区是吧？

余世存：对的。

许倬云：假如以这34个省级行政区作为基础，每一个省级行政区分为500个县，每个县里有若干个大企业。围绕着大企业建立万人规模的社群，由这种生活圈与产业圈重叠的状态，可以重建一个分散而有机的结构。这在别的国家很难办到，但在惯于建设庞大工程的中国，若是有魄力，用二三十年可以实现。

日本当年工业化程度最高的时候，有种"会社生活区"。会社就是公司，一个大会社有五六个厂在一块儿，有两三千工人，加上职员、家属，有万把人。这个生活区内什么都有：从幼儿园到中学，从诊所到医院，从零售小店到中型百货供应站，还设有养老单位。工厂员工家属可以在社区内部就业，做教员、店员、医生、护士。

这种情形，在北欧的丹麦、挪威都做到了。当年匹兹堡大学历史系有五个讲座教授，其中三位是外来的，有位瑞典籍教授是我的好朋友，他在瑞典地位很高。他觉得瑞典的生活过于稳定、无聊，到美国来找刺激。十年以后他有不安全感，决定回去了。我说："我该怎么写信给你？"他说："你就按照社区地址，写我的名字好了。"果然，后来我的信他很容易就收到了，因为社区内部的人彼此都非常熟悉。当然，如此情形有一个坏处：他们很排外。

余世存：对，这是一个熟人社会。

许倬云：所以，这个矫正之下，就可以实现高端人口经常调动，中等程度的人调动频率较低，底层的人相当稳定。

余世存：这个有点理想主义，那就还是说明在社会市场之外，要有一种新的模式。我刚才听您这么一讲，就想起来中国（20世纪）七八十年代的国有企业，比如说武汉钢铁厂它有20万人，就相当于一个小社会。很多人一辈子待在那个工厂里面就可以了，生老病死，上学、升职都可以实现。您刚才说的我还想到了，从孔子一直到康有为的《大同书》，也是做了这些设计。

许倬云：大社会的基础是小社区，武钢有20万人，那已经很大了，我想起当年的大院。

余世存：但是，我们第一步还没有做。我以前是做战略与管理研究的，我就想到：中国幅员辽阔，一个东北黑龙江齐齐哈尔的朋友——那是在中国领土的北端，跑到广东去打工，这种高昂的交通成本是对人力、物力的巨大浪费。如果按您刚才的设计，他其实应该在当地就能够活下来，而且能够实现他的自我价值。这种浪费其实也导致中国每年的春运非常紧张，运力根本不够，一到春节的时候全国范围内的客运流量达数十亿人次。究其原因，其实就是缺乏您刚才讲的大圈套小圈的这种相关性。如果我们能解决好这个问题的话，就不至于一到过节就一票难求。

所以，我其实很赞同您这个说法，只不过有些市场万能的信奉者，认为把这些都交给市场解决就行。当然有些人又信奉政府万能，认为把这些都交给政府解决就可以。我觉得可能确实需要一大批企业家，特别是社会企业家参与进来——当然，政府精英也应该参与进来——把这些事情落实好，真正实现我们说的"陌生人社会和熟人社会能够你中有我、我中有你"。

许倬云：这个其实离现在的中国以社会主义立国的基础不远，而且正好符合"中国特色社会主义"。

余世存：是这样的。

许倬云：为什么北欧结构是那个样子呢？北欧的民族曾是海上的维京海盗。他们乘船出去掠夺，往往半年后才回来，带回满船的宝货和物资，在沙滩上就分东西。分东西之前，他们会组织谈话会，即parliament。维京人出去打劫的时候，大部分成年男性都走了，家里只剩下老人、女子和小孩，他们在村子里互相依靠，互相帮忙。所以，北欧有它"小共产"的基础。

我们都知道当年拉斯基的经济理论，叫作"费边社会主义"。英国工党深受该理论影响，工党长期是英国的主要政党，保守党反而是第二个党。工党以parliament的形式在议会里分配全国财产，建立了英国的社会福利制度。美国的社会福利制度，在罗斯福时期迎来了第一次新政。英国所采用的方式是一点点增加、修改，它永远在修改社会福利制度，弹性非常强。

余世存：您刚才讲的这个话题我也特别有感触，就是欧洲，包括英国，它发展出的这一套模式，我觉得是与具体的历史情境有关系的。但是，我们现在面临一个什么样的问题呢？我们好像被全球化的市场经济带偏了。您刚才用了一个词叫"普世真理"，我们这边用的词叫"普世价值"。我们很多年都以为，确实有一个"普世价值"存在。比如说我们读历史，看到法国大革命提出的口号——自由、平等、博爱，我们就觉得，这就是现代人类文明的一个普世性的真理。但是事实上，我们又感觉我们中国人的生活方式，或者说我们中国人自己日常生活中的价值，跟这些东西又有隔阂，又有一点距离。

所以一直有人想问：中国的现代转型，究竟是一个特殊性的问题，还是一个普遍性的问题？是一个世界性的问题，还是只是中国自身要解决的一个特殊性的问题？这个问题我特别想请教您。

许倬云：我觉得我们中国有普世性的陈述，《礼运·大同篇》有"三阶段论"，中阶段是"小康"，最后阶段是"大同"，即"太平世"——太平世界不就是我们所说的"和谐世界"吗，不就是每个人一直以来的梦想吗？孙中山不是说"大同"吗？

余世存：您这么一说，确实是。我们这一代的知识分子在（20世纪）80年代受教育，觉得很多现代人的这种价值系统、关于价值的词汇都源于西方。反观中国传统用语，像是小康、太平世、大同，好像我们不去深究它们，也不认为它们具有普遍的思想价值。我觉得您刚才提的这个非常对——自由、平等、博爱，它们固然可能是一种普世价值，那么小康、大同也是一种普世价值。

但是我们在现实生活中，又看到两者之间是有冲突的。就像在当代中国人心中，一直面临着中医与西医的冲突，或者说中医与现代医学的冲突一样。中国已经成为世界第二大经济体，我们这些年听到一个词叫"弯道超车"，或者说"东升西降"，好像说不可能永远有一种老大和老二共存的秩序，好像说老二要上来的话，老大就必须把老二"按住"，否则老二就必须超越老大。这个现象，是不是只是中国的发展带来的一个全球化的课题？

许倬云： 中国从秦汉统一以来，正常的政体是天下国家。中国本身是开放的，在古代，外来的人愿意住下来，不用申请居留权，不用宣示换国籍。高仙芝哪有宣示过？他是高句丽人。这个天下国家观念里面再加一个东西，"大同"世界讲的是个体能得到群体的照顾，"使老有所终，壮有所用，幼有所长，鳏、寡、孤、独、废疾者皆有所养，男有分，女有归。货恶其弃于地也，不必藏于己；力恶其不出于身也，不必为己"。如今的个人主义，是自己向社会索取资源，但并不对外付出。美国最近的大事件，是通过了"反堕胎法"。哪个女子喜欢生产？人口不断减少之下，人类社会何以为继？我预估在不久的将来，美国人口将进入负增长，需要依靠外来移民补足。

"大同"世界的个体与群体，有获得也有付出，就与量子力学的世界一样：一个粒子有"质"存在，有"能"放射——"能"是去照顾别人，"质"是将能量吸收到自己身上。人在社会之中，也是一个粒子。我的想法是：自然世界的物理与人文世界的人类共同社会是同一个模式。我们的人类社会模型，可以被量子力学的世界收编进去，因为我们只是大宇宙中的一个粒子而已。

余世存：许先生，您刚才讲的我特别赞同，但是我们现在很麻烦的现实在于：无论中国社会还是美国社会，都已经把每个个体带入消费生存模式当中。比如您刚才讲的美国的"反堕胎法"——与美国人相比，中国人养育孩子的成本更高。

许倬云：没有那么多精力。

余世存：对，没有那么大精力。孩子长大了，知道我在这个世界上是要消费的，而不是说我在这个世界上要发挥我的创造力，要尽责任、尽义务。在当下，消费式人生观占了上风，真正对世界抱有责任感、服务心态，想尽一份义务的观念，好像很少很少了，这个问题不太好解决。

许倬云：这个问题在美国学术界，被社会学家、环保主义者、经济学家、历史学家还有真正有远见的自然科学家和工程师广泛讨论，可以预见：将来人类生产的自动化越来越普遍，那些多出来的劳动人口，该如何在新的社会中找到自身的位置？如何满足其价值感和个人成就感？这是需要面对的问题。蜂巢最后留下来的是工蜂，工蜂工作的一半靠自动化的话，这个工种会慢慢被淘汰，最终保留一个生产卵子的蜂后——这个变化会出现。

以当前的情形来看，人类若不节制自己的欲望，资源会被消耗殆尽，环境会被破坏，最终我们将无法生存。今天我们人均的资源消费量，你知道有多少吗？是五百年前一百个人的消费量。

余世存：都不止。

许倬云：如此毫无节制地消费下去，世界资源环境很快就完了，人类只能星际移民，或者开发新的能源使用方式。或许，人类灭绝以后很多年，新的智慧生命不是从恐龙演化而来，而是从蚂蚁之中演化出的新物种。

余世存：您刚才讲的这个话题我也特别感慨，好像我们这种消费模式只能引起大自然的反扑。恩格斯在《反杜林论》里面讲过：我们对大自然的每次滥用，都会招致大自然更大规模的报复。当前的消费模式如果长期这么下去的话，大自然会给我们再上一课。

许倬云：现在美国学术界，尤其是人文科学、自然科学以及工程科学领域最重要的人物，对此已经有相当多的共识。可惜的是，中国留学生很少能够体会到这一层。因为留学生到美国来，苦哈哈地取得学位以后，以为回去会挣大钱。他们来不及看周围真实的美国社会，也没有人教他们如何去看。我是同辈里面最傻的一个：芝加哥大学留学五年，花在念书上的时间一半，另外一半时间用来看美国社会如何变化。

余世存：这个很难得，特别好。

许倬云：许多好学生觉得看书最重要，谈话是不必要的。我是"好管闲事"的人，我要读社会这本"活书"。

余世存：心忧天下，这是传统中国士大夫的精神。从社会细节当中"读书"，这跟从书本上见到的是不太一样的。我想替很多网友，请教许先生一个问题：您觉得从历史长河来看，人类社会有没有轮回的规律？我们现在生活的时空与历史上哪个时空很相似？比如我们经常想到罗马帝国晚期，或者是想到明朝末期，那也是一个消费模式盛行或者说纵欲的时代。我们是不是跟当时的人一样，也要经历那样的轮回，才能得到一些教训？

许倬云：这个"轮回"接入得很好，有没有前例可说？一个前例是在春秋战国乱成一团以后，秦代统一六国，开始整理；西汉经历了三个皇帝，才整理出头绪；东汉发展得较为完善，可惜被数百年的动乱给中断。第二个例子是大唐盛世，物资充盈，胡商驼队一个接一个进来，中国接收胡人人口七八百万。这些人带来了享乐，带来了铺张，带来了繁华，带来了荣耀。大唐帝国的荣耀，不是罗马可以比拟的。"渔阳鼙鼓动地来，惊破霓裳羽衣曲"，这个中国历史上的"唐宋转移"，其间的思想转变我前面做过专题论述。从唐代中期一直转到明朝，这个思想转型才完成。"心学"的源流，是真正应该整顿的地方，因为儒家不应该抄康德、哈耶克或任何其他外国学者，而应该从本国的传统下手整顿。

余世存：许先生，您在前面的分享中提到了很多人，像是余英时、张灏、林毓生等前辈，也让我想到钱锺书、费孝通这样的学人，钱锺书和费孝通晚年对东西方文化都有总结性的说辞，而且很凑巧，他们两个人提出的都是16字方针。钱锺书先生的16字方针是："东海西海，心理攸同；南学北学，道术未裂。"费孝通先生说的也是16字："各美其美，美人之美，美美与共，世界大同。"这里的"世界大同"也有一个版本叫"天下大同"，这两个版本费先生都写过。但是我们总觉得钱先生、费先生，包括您谈到的余英时这些前辈学人，他们的思考确实很好，但是现实世界还没能找到一个落实的途径。比如说"北宋五子"中的张载就已经说过："有象斯有对，对必反其为；有反斯有仇，仇必和而解。""仇必和而解"，宋代人就有这样的思想；而最近一二百年的世界，包括中国，却都陷于"仇必仇到底"的心态当中，我们有时候觉得很绝望、很无奈。现在我们看到很多网友在群里面聊天，也是动不动就因为一句话不合他的心意，就与人吵架吵到底，这与我们说的"仇必和而解"也是相违背的。所以思想家们的认知，无论是古代中国的社会思想家还是像您这样的当代思想家的认知，怎么与普通人的日常生活挂钩，能够深入人心？二者中间是否还缺乏桥梁？怎么让普通人知道要求同存异，以及和解才是真正的出路。

许倬云：您刚才讲的这几位，费先生与钱先生是我的前辈；我跟余英时同年，另外两位是我的学弟，他们不幸早死了，我是罪孽深重，还能和大家讲话。我的观点与他们很不一样，我是杂家。为什么是杂家呢？读古代史的人不读书不成，读古代的书要从考古学、社会学上读。所以学古代史的人，不仅要从文献学、考古学、社会学乃至人类学等领域入手，更要从生活中体察社区结构、人际关系。前面说的这三位老朋友，都是好学之人。他们是思想家，我是杂家——杂家有权利"背叛"任何事情。

钱先生是我的老乡，而且我们讲起来应该算是亲戚。钱先生是博学之士，他读书量之大，大概能和康熙朝的高士奇对比。钱先生也是一个杂家，费先生是社会学家，社会学家无事不管。费先生是我非常景仰,而且非常跟从他路线走的前辈。

余世存: 费先生是95岁走的,还有一位周有光先生,他是112岁走的。周先生晚年的一个观点与钱先生、费先生又不一样,他的观点主要落实在"世界"这个词上,他认为:要多从世界看中国,少从中国看世界。

许倬云: 没错,多从世界看中国,中国人往往从中国跳出去看世界,不再回头看中国。

余世存: 对,这个观点像胡适先生等当年都说过。我们都以为,全盘西化我们就能变成西方人,其实无论如何我们都还是东方人,我比较赞同您的这些看法。我现在可以把问题再拉得切近现实一点。我觉得不仅仅是我们中国人,西方人在疫情前后心里也有一种落差。比如说在疫情前,大家感觉这个世界的发展速度非常快,科技更新换代非常快,包括手机、电脑、汽车都在更新换代。我们中国人特别适应不了这种速度,以致前些年社会上很知名的年轻杂文家、社论家写诗,说"中国哟,请你慢些走,停下飞奔的脚步,等一等你的人民,等一等你的灵魂"。好像在那个时候,我们都觉得社会发展太快,我们跟不上,所以希望我们要慢一下。这几年经过疫情,无论是中国还是世界都按了暂停键,大家的生活开始停下来了。停下来我们又受不了,无论是西方人还是中国人都想出去走一走,要跑出去,好像大家又静不下来。我们的悖论就在这儿,好像这是人性悖论:快的时候我们叫苦连天,抱怨社会发展速度太快;等社会真的一巴掌拍下来,把我们打下来,让我们坐下来的时候,我们又安静不下来。人如何突破人性的困境?

许倬云:中国和美国是两种不同的情况。中国是赶路,盯着前面的目标累得要死;美国是走累了,疫情以后美国人中出现放弃自己、逐渐悲观的情绪——大家觉得,社会是否进步与我无关,反正不上班也可以依靠社会福利过日子。美国人可以倚靠社会福利过日子本来是好事,可是也是矛盾,很多人失业以后不再找工作,依赖救济金度日。国家的救济金是哪儿来的?收税而来,靠所得税、营业税,更多的是靠印钞票,因为美元没有准备金了。目前美国退出职场的人多到没法计算,因此美国生产能力脆弱,大批移民进来,填补了生产乃至军队里的空缺。美国的内部情形是,一般老百姓没有以前兴高采烈了,很无奈——这种无奈与"躺平"不一样,"躺平"是我们过小日子,美国人的无奈是下面儿孙没钱不关我的事,这是国家的事。

余世存:等于是在透支未来的钱,透支未来的资源。

许倬云:这一种民间的沮丧,外面来的旅客看不见。只有我们与老百姓之间感情够深,通过交换意见才可以理解。

余世存:听您这么一讲,好像美国社会面临的问题和我们确实有相似性,虽然说我们的"躺平"与他们不太一样,但是确实是有一种世界性的趋势：个人对于集体的责任很弱，乃至离心离德。

许倬云：我们叫疏离。

余世存：这个世界的发展有时候很快，快得让我们想喊口号：让世界停下来，我要下车。如果大家全部下车又受不了，又想跳上这辆车，我们是面临这样一个悖论。

许倬云：美国人的悲哀，就是明明自己所乘坐的，已经是"末班车"——下车以后无车可坐，却很少有人发现、思考这个问题，就整个社会而言，也并没有意识到当前这一危机的存在。

余世存：用中国的话来说，过了这个村就没有这个店了。其实我们说的中国社会，这些年流行的一个词叫"内卷"，看来在西方社会这个现象同样也是存在的。

许倬云：involution，"内卷"也可以叫作"内敛"——有向内收缩、趋向呆滞的意思；当然，"内在升华"是另外一回事。

余世存：我们聊了这么多，现状令人不太乐观。还有一个话题，您可能会提供一个乐观的答案。一方面，很多人说现代年轻人的婚恋就像经营一家公司，结婚、离婚、聚聚散散、分分合合都是由利益作为纽带的。而另一方面，我们又看到中国年轻人的结婚意愿、结婚率都在持续下降，离婚率反而节节攀升。您觉得这是个人问题还是社会发展引起的普遍性现象？您怎么看待这种话题？因为大家看您的资料都知道，您曾经说过此生最大的愿望就是把太太抱起来转两圈，很多人感觉您的婚姻和家庭很幸福。您是如何经营自己的婚姻的？您觉得当下的年轻人应该如何经营好自己的家庭？

许倬云：我的婚姻不是经营的，我没有花心思经营。

余世存：那更难得。

许倬云：我的心跟她的心投入在一起，我没有经营。我是全心全意给她，她全心全意给我，这不是经营的，是敞开心胸。我敞开心胸搁到她那儿去，她敞开心胸搁到我这儿来，如此而已。所以假如我走了，我想她活不了太久。

余世存：好像中国传统有句老话，说夫妻同心的，两人会在相隔一年甚至百日之内几乎同时离开。

许倬云：我是既不英又不俊，歪歪倒倒，人都坐不直。但是她能够透过表面看到我的内心，她看见我这颗心是单纯的，是真诚的，是热的。她愿意投入，她看我辛苦，说"我陪你走"。

余世存：这个非常好。

许倬云：我最近身体越来越不好，烦劳她的多，我心里难受。因为劳累，她也老起来了——其实她没有那么老，她比我小12岁呢，看见她累我难过。

余世存：您和师母之间的家庭生活，我觉得在年轻一辈眼里确实是一个传奇，是一个神话，可能现在年轻人很难做到。

许倬云：这是自然的事情，你要是找到真心真意相爱的人，是会这样的。我跟曼丽到美国来就业，是因为我在台湾与一批"最右"的人合不来，不得不走。我和曼丽提着两个箱子，带着儿子到匹兹堡，身上只剩45块钱。弟弟替我租了一个公寓，一个当年读书时的老朋友，他问我们："要买菜吗，你们有钱没有？"太太和我两个人看着他："学校不是会发工资吗？"这个朋友说："今天是5号，要到31号才领工资。"于是，他拿了100块钱给我们。曼丽肯跟我冒这个险，我们夫妻俩带着娃娃是有可能被活活饿死的。

余世存：那了不起。

许倬云：因为她是我的学生，她看我讲课，看我做功课，看我对同学的态度，她说："你这个人真诚，我帮你一把，陪着你走。攻击你的人、妒忌你的人，以及真正帮你的人，都是你的老师。"钱思亮校长、沈刚伯院长这些人，他们对我爱护之至。面对这种回应和理解，我能不信赖她吗？

余世存：师母非常了不起。现代年轻人要从您的分享当中学很多东西。当然，首先要让自己做一个真诚的人。我记得很多年前，中国的诗人和音乐家都说：这是一个塑料遍地的社会，大家的心都已经塑料化了。这说明大家彼此的交往，缺乏真心、真诚。我觉得您的分享，可以帮我们唤起这个东西。

许先生，时间也差不多了，我们已经聊了一个半小时。最后一个问题请您简单说说：您92年的人生，可以说就是一个传奇，以后可能是我们传颂的一个神话。您觉得您想对年轻人讲的人生最重要的事情是什么？您有什么经验可以跟大家分享一下？

许倬云：我不要做传奇，我不要做圣人，我要做个人。我给年轻人的忠告是，要做个了解自己、同情别人的人。了解自己的短处，佩服人家的长处，这种人生态度会赢得许多意料不到的朋友。

余世存：您这番话，又让我想到陶渊明给他儿子写的信，他在信里说的有点像您跟年轻人交代的。那封信是说，我给你找了一个童子，你们要善待他，因为他也是别人家的孩子，人和人的共情、同情非常了不起。

许倬云：更重要的是要认为自己是个人，不是工具，也不是个机器。机器要喝汽油，工具要上油，我是个人，我要用自己的心来感受世界，来用这个情覆盖世界。心与情是在一起的。

余世存：我们要把自己当作一个人来看待，而不是把自己当作一个工具。这也是我们在读书时讨论很多的话题——价值理性与工具理性。我的老师钱理群先生曾经批评中国的年轻人，他们中的许多人变成了"精致的利己主义者"，其实就是他们自己没有把自己当人看，把自己当作工具了。

谢谢您许先生，因为时间关系，我们今天到此为止，太感谢您了。

附录四　许倬云：我不在书斋里，我在人中间

/汤向阳

你的心也是件艺术品，经过你不断地改，不断地注意不要污染。让此心变得光明磊落，让此心不仅对自己忠实，更要紧的是，忠实地对待别人。这个忠不是忠于主人，也不是指忠于他人，而是尽心而为。

"要人心之自由，胸襟开放，拿全世界人类曾经走过的路，都要算是我走过的路之一。"

"要有一个远见，能超越你未见。"

"往里走，安顿自己。"

请许倬云先生来混沌开课，是因为2020年，在火爆全网的《十三邀》里，许知远老师去了美国匹兹堡许倬云先生家中，采访了老人家。那时候正值新冠疫情，多少人不得出家门，没有了工作，亲人朋友都无法照顾周全，困顿其中。许先生在那期节目里，将诸多坎坷之下内求平静的一生呈现于人前，像是一缕春风，又似一贴良药，抚慰、指引了多少迷途与空茫的灵魂。

两次做课经历，让我得以了解许先生的部分思想、学识和一些人生片段。然而，许先生是一座宝藏，我在这里写下的，不过是万分之一。

史学大家：为老百姓著史

很多人知道许先生，是因为《十三邀》，但其实在那之前的2019年7月9日，清华大学当年首封录取通知书发出，随寄就有清华大学校长邱勇给新生的赠书《万古江河：中国历史文化的转折与开展》。《万古江河》首次出版于2006年，是许先生在大陆最为人熟知的著作。

在致新生的信中，邱勇先生写道：《万古江河》是一本视野开阔、见解独到的中国历史文化力作，作者许倬云先生是著名的历史学家，在书中他用平实畅达的语言讲述了中国文化成长发展的故事，字里行间既有宏大的历史脉络，又有对日常生活的细微描摹，让读者在回顾数千年历史的过程中深切感悟中国文化的精神气质，从历史文化中汲取力量。

许先生写《万古江河》，以江河流域的扩大比喻文化的进展，有两个明显的特色。其中之一，是把"中国"这一概念理解为一个不断扩大且与周边世界相互融合，直到成为世界体系一部分的过程。实际上，全书共八章，除了前两章"古代以前：中国地区考古略说""中国文化的黎明（公元前16世纪—前3世纪）"尚看不出来"特色"，之后的三至七章分别呈现"中国的中国""东亚的中国""亚洲多元体系的中国"及"进入世界体系的中国"，其叙述框架，一目了然。

在书中，许先生把中国历史做了两个阶段的划分，以公元1500年为界，此前为全球经济体系成形的前夕，此后则为中国在全球化浪潮冲击下的500年。这一划分标准，来源于斯塔夫里阿诺斯的名作《全球通史》，其上下两册的副标题，分别是《1500年以前的世界》和《1500年以后的世界》；而将中国文化圈当作不断扩张的过程，乃是得益于梁任公《中国史叙论》中所述的观念。梁任公即梁启超先生，《中国史叙论》为梁先生1901年所作。其中首次提出了"中国民族"的概念，将中国民族的演变历史划分为上世史、中世史、近世史三个时代。

既是不断扩大的过程，也是与周边文化不断融合的过程。后者其实从根本上杜绝了中国历史叙事中常见的"唯我独尊、四方来拜"的逻辑底色。许先生曾说，一片瓦片可以告诉你许多许多事情，告诉你"中原"也不是一天形成的，也是后来发展出来的。在古代那么多的地方，不同的人群发展着他们不同的过日子的方法，谁也不是"上"，谁也不是"下"，谁也不是"中"，谁也不是"外"。地球是个圆的，任何地方都可以是中心。各处都有自己寻找的方向，都有自己生活的方式。

诚然，即使在提及汉唐这样的盛世时，《万古江河》中也不是只有"中国"这一单独的主角。"从表面上看，唐代之盛，俨然天可汗，中国的羁縻州府，遍布于北边及西边。胡人酋长,几乎无不接受中国封号,中国也往往动员这一族打击那一族。然而,深刻地观察,这一段中古的中国历史,已经纳入东亚与东北亚的列国体制,中国不能自外于周边的列强,中国也不过是其中角色之一。棋局上多角竞争,迭兴迭衰,中国并不是唯一的主导力量。"

正因为有着这样的高远视角,许先生在写作之时尤其关注中国与当时世界其他主要国家之间的对比,包括同为世界古文明的中国古代文化与两河古代文化的发展比较、秦汉帝国与几乎同时期的罗马帝国的比较、唐帝国与伊斯兰帝国的比较、明代中国与哈布斯堡王朝的西班牙的比较、清朝政治经济文化与当时欧洲情况的比较,以及中国维新运动与日本明治维新的比较。这种比较的视野,使许先生的中国历史,几乎一直都在一个不断展开的世界历史的背景下叙事。对普通读者而言,这本书中,许先生贡献的,也不仅仅是历史知识,更是思维的锤炼与见识的拓展。

比较而言,关于中国历史,张荫麟先生的《中国史纲》和钱穆先生的《国史大纲》都称得上传世名作,对于中国历史也都叙述精准,见解精到,但是二者都只有对于中国历史主体的叙述,不涉及中国与其他文化体的互动,更遑论不同历史时期不同文化体的比较。

关于为什么总是把对象置于"比较"的框架下进行阐述,许先生在混沌课程"许倬云何以成为许倬云?我的人生原

则"中有详细的回答:

> 到了美国(芝加哥大学),我读的是东方研究所,关注的一半是两河流域,一半是埃及。关于中国,他们也搜集了二百多篇甲骨文,也有整套的中国的《四库全书》,所以就扎在里头……我的位置就是东方研究所书库旁边一个桌子,所以我读两河历史,读埃及历史,这让我知道比较文化的观念。两河流域跟埃及的居民,生活形态不一样,发展过程不一样,种族背景不一样,做个对比。他们历史走过的道路跟中国不同,有山河之异——他们的山川河流,他们的沙漠、海洋跟我们都不一样,造成了多大的差异。人跟人对自己的解释不一样,对自己的期许不一样,对自然的分类也不一样。

《万古江河》特色之二在于,这本书涉及的内容十分丰富:地理变迁、农业商贸、技术医药、民俗生活、思想信仰等等。这其中,许先生尤其着眼于平民百姓的日常生活内容。

比如,关于汉代农业,许先生是这样写的:"西汉的'代田',即尽量以农田田间管理,精细地规划垄沟间距,并不断以沟土填垄,以收培护作物的功效,并可有良好的通风与灌溉。下一次作业,则以沟为垄、以垄为沟,垄沟易位,又不啻就地轮作;加上轮作、套作,则更可不断改良土壤肥力。"古人耕作之法,如在眼前。

许先生写汉人的衣着,"衣着方面,汉人宽袍博带,发髻带冠。虽然自从赵武灵王时,胡服已引进中国,而且短褐、犊鼻裈也便于工作时用,但中国服装仍以宽博为主。南北朝至唐代,北方胡服,随着外族进入中国,中国的衣服渐渐走向窄袖贴身,上身着衣,下身着裤"。古人服饰来龙去脉,一清二楚。

为什么要写古人的生活细节,许先生曾在多个场合论及。他认为:一些小零碎的事情,跟日常生活、衣食住行、风俗信仰都有点关系,但史书里却不交代。这些零零碎碎的小东西,也有人写,但都是笔记。这里一段,那里一段,通常不被人注意……既然老百姓要问老百姓生活上的问题,作者作为一名历史学者就应该有所交代。这是写作《万古江河》的最初动机。

正因为这种对于生活细节的关照,许先生写历史,可以说就是在为"老百姓写通史"——与你相关,你能看懂。这种对普通人的关注,即使是在极重视个人叙事的西方史学中,也并不多见。备受赞誉的《哈佛极简中国史:从文明起源到20世纪》当中没有,斯塔夫里阿诺斯的《全球通史》里也没有。

写中国历史,强调中华文明的整体发展脉络,而非与普通人直接相关的历史细节,这种趋势,在许先生成长的年代很可以理解。国破山河碎,文化上"我者"与"他者"之间的碰撞,使何为"中华"、强调"中华"整体,变成了一代历史学者的共同命题和集体情绪。

但这种命题和情绪,在国际环境整体平静、经济发展才是主流的当下，已经有所转向。一个显著的例证是，近年来，国内历史学者开始关注微观历史研究。美国约翰斯·霍普金斯大学历史学博士、澳门大学讲席教授王笛先生所著《碌碌有为：微观历史视野下的中国社会与民众》，几乎写尽了中国历史与人直接相关的一切：日常、文化、家族、群体、法律等等。北京大学中国古代史研究中心暨历史学系教授罗新先生所著《漫长的余生：一个北魏宫女和她的时代》，以一名宫女（普通人）的视角来看一个朝代的兴衰和其中的风云际会，几乎创新了历史写作的体例。然而，需要注意的是，这两本著作，都不是通史。

许先生对于普通人的重视，也体现在他另外一本著作《中国文化的精神》当中。华东师范大学紫江特聘教授许纪霖先生与许倬云先生是故交，如他序言中所述，这本书"不是从精英的观念，而是从一般普通民众的态度，即他们的安身立命、处事做人的原则，考察日常生活形态中的中国文化"。章节内容涵盖神鬼故事、宇宙观念、佛道宗教、人际网络等等。许先生说："从开天辟地以至江湖豪侠，从男女私情到精怪现象，涵盖的范围看上去似乎凌乱，却也代表了中国一般老百姓的喜恶和褒贬。一般老百姓，很少会在谈话时引用四书五经、二十四正史，他们的历史观，就是这些故事串联在一起的一套评价体系。"

与关注民俗生活形成鲜明对比的是，《万古江河》中几乎只字不提帝王将相，也没有任何对于特定个人的重墨描述。许先生曾在课程里说：生活中，我从不在意那些地位高的人，我不在乎。其言行一致，可见一斑。

此外，在《万古江河》里，许先生也从来不讲武力。他曾在接受媒体采访时说：我向来不喜欢讲武功，因为我从小在战争中长大，战争是非常残酷的事情，我知道什么叫作鲜血。我不讲武功，不讲开疆辟土，只讲文化圈的扩大。

除了研究范畴和方法的独特性，作为一名普通读者，我也深深为许先生的文采所折服。请看《万古江河》自序中的这一段：

"从此，大江东流，在冲破大巴山的拦阻时，奔腾叫啸，两岸峰高及天，神女雾掩，巫峡云遮，藤萝垂碧，滩险水急。江水又东，出峡之势，直泻千里，奔入湖广丘陵湖泊，于是浩荡奔放，始成大器。江水又东，一路收容湘资沅澧，以及赣江、清江带来的南方雨流和汉水带来的中原黄土，更有雍容广大的气象：星沉平野，月上东山，远树近山，江渚沙洲，美不胜收。"

文采斐然的背后，是一位知识分子的浪漫。在为混沌录制的讲述两河流域文明起源的课程里，许先生这样说道：我们想想看，在那个广大干旱的地区，抬起头来没有树林挡，就是一片晴空，一个月亮高挂在那里，群星闪耀，都在旁边眨眼睛。这个与中国的园艺里边树木笼罩在上面的概念完全不一样。所以,他们的神圣的卜文就变成了天上的月亮。很少有人能把一个民族的信仰来源描述得如此诗意。

在《中国文化的精神》序言中,许纪霖先生开篇即写道,许倬云先生的西周史、春秋战国与汉代的社会史研究独步天下。他的另一作品《说中国:一个不断变化的复杂共同体》与《中国文化的精神》《万古江河》一起组成他的"中国文化三部曲",被公认为是对中国文化和中国人的精神生活进行阐述的集大成之作。

生平往事:史学大家这样炼成

许倬云先生是江苏无锡人,家里兄弟姐妹八个,他排行第七位,下面还有双胞胎弟弟许翼云。许先生一生对故乡故土魂牵梦绕,其间经历从不曾忘怀。

在课程里,许先生这样回忆自己在无锡所受的"家教":我的家人在无锡住了几百年。无锡有一群知识分子,从明朝开始,就秉持着人间的正道,希望能拿这正道帮助政府,帮助其他的读书人,帮助社会的一般人,走入正道。这些人的命运呢,有好几个领袖是被政府处死的,一个领袖抵抗政府的不公，自己淹死在水池里。这些人拿生命换取一个他们心里做人的原则，这个传统在无锡传承下来。这使得在无锡读书的人，在无锡长大的人，几乎家家读书人都记得'东林'两个字——过日子，要按照做人的正道的原则：不欺不骗，也劝导人家不欺不骗，不要压迫别人，不要剥削别人，不要欺负别人。人与人之间的关系不是一对一，而是共同生活在一个彼此联系、休戚与共的世界之中。东林的祠堂里面挂了一副对联，'风声雨声读书声声声入耳，家事国事天下事事事关心'。你要关心的不仅是你的事，不仅是家里的事，要（关心）天下之事。

"关心天下之事"几乎是许先生一生的写照。他的关心，在持续一生的写作治学当中，也在从不中断的对他人、对世界的关注中。对于中国——他的出生之地，他著作等身，声名卓著；对于后半生与家人居住之地——美国，他在90岁高龄，写下了自己对这个国家近60年的观察——《许倬云说美国》；而对于这个变化频繁、几乎所有旧传统都行将土崩瓦解的当下，他更以鲐背之年，频频发声。一个典型的例证是，许知远采访之后，便有《往里走，安顿自己》一书问世。

在与其助手冯俊文先生的交流中，老人曾坦言，在与网友及其他各界人士的交流过程中，有很多问题，其实他也不知道答案。但是一到真正的问答之际，他仍然会倾尽肺腑之言。他曾说："我已经90岁了，身体不好，随时准备垮掉。但我做一天和尚撞一天钟,求修己。"

除了为人上的指引,许先生也难忘无锡家族带给自己求学好问的兴趣与性情。在与混沌创始人李善友教授的对谈中,他谈到了这种性情的可能由来:要将我读的书与钱锺书相比,我读得太少了,他的书读得真多、真广。我们两家数代交情,也有多重亲戚关系。两家相距一百多步路,一过桥便是一条小巷子,他家就在那巷子里。我两个婶婶都是钱家嫁过来的。

许先生生于1930年,那是个内忧外患、战乱频仍的年代,所以许先生最早的求学其实是伴随着逃难的。这使得他早年,一方面主要跟着做国民党海军将领的父亲许凤藻先生学习地理、历史和中文,另外一方面则是在辗转于湖北、四川等地的逃难途中得到见识,尤其是对于农村的见识。

许先生这样回忆父亲对自己早年的教育:抗战期间书本不够,我们在战地四年半到五年,时时刻刻准备跑路。我听新闻、看报纸、听大人谈话,说敌人的炮声可以隐约听得见了,离我们二十里了、三十里了。敌军在哪里,父亲就在地图上拿个针刺着,挂个红的小钉子。今天打到这里,明天打到那里。那些地名对我而言,不是书本上的地名,是我们的军队在那儿抛血肉抵抗敌人进来……地图对我,地理名词对我,是具有生死意义的,这跟一般读地理书的不一样。这些教育,是地理跟你的生命合在一起……这些使得后来我到正式上学的时候,我的历史和地理不用学,我眼睛一闭就知道哪个城在哪里,这个地方发生过什么事儿。

除了地理,父亲也教他古文。"读到《大公报》张季鸾的社论,父亲告诉我这文章写得好,他读一遍给我听,读得铿铿锵锵,一篇社论千把字吧,他读一下、讲一遍,我就听懂了。"许先生坦言,"这些教育不是学校里可以提供的。"父亲还教他读《饮冰室合集》——梁启超先生的著作集,因梁先生又号饮冰室主人,故而得名。这本书用的是浅近的白话,读起来并不困难。但父亲对他有更高的要求:"父亲说,你要开始读古文,读了'四书',有旁边注解,并不难懂。问我懂了没有,我大概懂了,可不太清楚;哪几句不懂?我这几句就不懂。我说什么叫安己?什么叫安人?父亲就说,叫你安心,帮你安顿、安身、安心,就是心不乱跑。这个教育必须有人带路,他老人家带了我的路。"

这期间另外一方面的学问,则来自逃难途中的农村见闻。在《家事、国事、天下事——许倬云先生一生回顾》一书中,有一段这样的文字:"我所谓的穷,指的是一间房子……十五坪左右,一边是火塘,一边是睡觉的地方,另外一边放农具,这是我所看见最穷最穷的人家,没有烟囱,只有一扇门,两个窗,没有炕,没有床……也没有隔间,睡在地上的稻草堆上,就跟牲口住的地方差不了多少。虽然家里就有煤,烧煤不用花钱,但煤运不出去,也赚不了钱。"

还有一段，"从万县到老河口路上，我们走过一个村子，一个活人也没有，村民染上一种不知名的瘟疫，逃的逃，死的死，全村都死光了。村外有些新坟，村内的房子空荡荡，好不容易找到一个活的老太太，但是第二天她也死了"。

对于中国内地农村的真实面貌，许先生是熟悉的。他一生为普通人写史，也与这段同普通老百姓血肉相融的经历分不开。

到了中学阶段，许先生因为身体原因，其实是以特批的形式插班进入无锡的辅仁中学就读高一。辅仁中学在无锡非常有名，但跟辅仁大学没有什么关系，它的名字是取"以友辅仁"的意思。许先生后来回忆说，这所中学的老师都是饱学之士，抱着服务乡里的理念教书。他们教书跟其他学校的老师很不一样，都是启发式的。其中有很多事，都给许先生留下了深刻的印象。

第一件是英文课堂老师不教语法，也不要求背书，而是造句。一堂课老师随机点一个人，出个主词，第二个人接着加词，这样子一直下去，直到这个词变成一个完整的句子。一堂课下来，黑板上写了一个很长很长的句子，就变成一个小故事。许先生因此习得英文，对教授"造句之法"的"沈先生"也印象深刻。

第二件事，就是放学之后不回家，而是十个人一组，互相辅导。拿今天做的作业，重来一遍，请同学来教同学——数学好的，给大家讲一遍今天的数学功课；英文好的，讲一遍英文功课；中文好的，讲一遍中文功课。许先生回忆，"我常常被派到差事，是解释地理和历史，因为那时候学校老师说，你的地理、历史都不用学"。可见许先生父亲早年对他的栽培之功。这样的经历，使得同学之间的关系特别亲近，半个世纪后，许先生已经定居美国多年，每次回无锡仍会与老同学见面聊天。

到了1949年，许先生19岁，跟随家人到了台湾，并成功考取台湾大学。当时的校长是傅斯年先生。本来许先生考进的是外语系，但两三周后，傅斯年先生让秘书那廉君来找许先生，因为他的入学考卷给校长的印象很深——数学是满分，中文卷子和历史卷子被阅卷老师直接推荐到傅先生那里。于是，傅斯年先生对许先生说：你应该去读历史系。这决定了许先生一生的发展方向。

台大当时集中了中国一批一流的学者。有古史学家董作宾先生，教许先生商周史、年历学，还有宇宙群星的关系。许先生曾经撰文，回忆董先生对待自己独特的教学方式：我跟董先生读书，一对一，也没有上下课的概念。老先生不知道什么是下课时间，一讲一个下午，饿了，买几个包子，一人一半。到了他讲不来的课，他就找朋友来教我，这些大概都是现代的大学生很难碰到的吧。"群星位置"就是董先生给许先生找了曾协助创建紫金山天文台的天文学家高平子先生来教的。这位老先生的教学方式也很特别。许先生回忆:"他房间里边的书、板凳、砚台、电灯按照星辰位置摆给我。电灯,说它是太阳,别的东西按照距离给我摆在地上、桌上,这么学会群星位置。这个也是特殊的训练。"

有历史学、考古人类学教授芮逸夫先生,教许先生用民族观念学《春秋》,带着他读《左传》,教他古代礼仪、风俗。许先生后来在芝加哥大学写博士论文,就是以读《左传》时做的两千多张人名卡片为基础,排出每个在《左传》里出现的人,他的身份的升和降,升降的时期、缘故、周期,等等,从而获得了博士学位。还有历史学教授李宗侗先生,教许先生读西方城邦历史,分析礼俗、信仰与城邦本身的关系,让他不仅读通了民族学,顺便熟悉了希腊历史,等等。

台大的求学经历让许先生明白:做学问,不要怕杂。

台大毕业以后,许先生到了台湾"史语所"做助理研究员,又在老师的带领下,读通了晚清经学大师孙诒让先生的《周礼正义》。这本书以礼仪作为线索,内容几乎涵盖所有先秦文献,包括甲骨文、青铜铭文、传世的典籍、后人的解释等。许先生回忆道:"我读时,要拿一根火柴杆,拿个印色盒子。读一句点一点,点不出来就表示没读通。他老人家过一个礼拜翻翻你点的位置,看你读通了多少。我读了整整两个学期,《周礼正义》从头读到尾。"还有著名历史学家劳榦先生，指导许先生读完了前四史——《史记》《汉书》《后汉书》《三国志》，分析它们的差异。

许先生后来说，"读古史，我得到的帮助是一般学生得不到的，博士生的功课都不会这么周全"。

再后来，许先生出国，去了芝加哥大学的东方学研究所，主要做的是埃及和两河流域的考古，也有小部分希腊考古和中国古代研究。《家事、国事、天下事》一书，比较详尽地记录了许先生的这段经历。

在许先生的印象中，芝加哥大学是很奇怪的学府，不大在意学生读什么系，学生的课程可以自己设计。他就选了经济学、中古史、考古学、宗教学、社会学等等。看起来确实宽泛，但其实都没有脱离"人文学科"的范畴。更重要的是，几乎所有学科，台大和"史语所"的老师们都给他打下了基础。

在这所西方学府中，许先生跟着汉学家顾立雅读法国的汉学名作。这位自认为是个自由主义者，实际上性格很保守的老教授说，"这除了训练你的语文（法语）之外，还让你看看前辈大师怎么处理中国问题，他的方法、眼光都跟中国的途径不一样"。这使得许先生跳出了以中国为本位的思想——回忆一下《万古江河》，这个"非中国本位"的立场是不是一以贯之？顾立雅先生还带许先生研究动物、植物的传播。这可真是一门新鲜的学问！难怪后来在混沌的课程里，许先生会提到,"松鼠尾巴胖胖的,松鼠尾巴瘦瘦的,都有原因"。

许先生还跟着匈牙利人米尔恰·伊利亚德（Mircea Eliade）教授学习宗教学。这位教授是宗教学的开山鼻祖,还同时教授社会关系、社会学、文化学、神学等等。许先生印象最深的有两点:这位教授的口音极难懂,却教出了一位有七个科系教授头衔的学生;这位教授的研究室在三楼,"我爬上去很辛苦,得用屁股坐在楼梯上,一阶一阶往上爬,到了三楼,楼梯都让我擦得干干净净了"！许先生认为自己受到了米尔恰·伊利亚德教授的影响也是两点。第一点是,强调天地之间的观念,认为不同的民族、不同的文化,都曾设想有个通天达地的联结。这个联结可能是一根柱子,可能是一架梯子,也可能是一座高塔,或是一棵可以上达云霄的生命之树;第二点是,人都有一个"古时候",总有一个对于遥远古代的回忆,这个古代可能就是我们自己的起源。

除了汉学、宗教学,许先生在芝加哥大学还学了埃及学、亚述学、中东的神话学等等。亚述,指的是美索不达米亚平原上的一个古国,存国时间大约为公元前21世纪到前7世纪。所学如此驳杂,难怪许先生每次授课,全球各文明的古代历史、地理、神话、宗教都能信手拈来。

芝加哥大学是马克斯·韦伯理论的接受者和大本营。所以,许先生在这里也关注到了这位德国社会学家、历史学家。他说:"我们中国的学者在西方读书,读文史的,没一个逃得出韦伯的圈来。但是我敢说,十个里头有七八个不知道韦伯不是单单讲新教伦理的。他编了五部书,每一部书都是准备跟前面一本书对比的。新教伦理只是第一本书的一小部分,下面是新教和旧教之天主教之比,天主教和希腊罗马之比,一神教和多神教之比,印度教和伊斯兰教之比,佛教和伊斯兰教之比,波斯教和犹太教之比,一路比较,最后比到中国儒家和印度……"这种氛围的熏陶,也为许先生一生写历史注重"比较"提供了注脚。

在芝大,许先生的精神世界不断被震荡、洗刷、沉淀,然后再反复。在《许倬云问学记》中,许先生也特别提到在芝加哥大学,学校为了他上课方便,特别安排他住在神学院宿舍,使他能够有机会与舍友们讨论宗教问题。许先生后来回忆:"那五年中,我一次又一次地把自己的宗教信仰打碎,又一次一次地重建。这番经历,我想是人生难得的经验。今天我有什么宗教信仰是次要的问题,我珍惜的是自己捣碎又自己拼合的反省过程。"

从美国回到中国台湾,许先生继续供职于"史语所"。作为当时"史语所"第一个回台的美国留学生,许先生虽然身体并不方便,仍然被派往欧美各地去建立学术联系。其中,欧洲就去了四五次,每次四五个国家,探讨的话题包括如何看待马克斯·韦伯的研究范围等等。这种跨国的学术性集体研讨会让许先生更加明白一个话题多维度展开论述的可能及必要,也使许先生更加强化了"比较"的思路。

"世界的问题众多,你的思想就活泼"

尽管收获颇丰,但美国求学生涯的艰难困苦,其实不胜枚举。

因为身体残疾,许先生在入学时就被送到了芝加哥大学附设医院住院总医师爱克逊先生那里。爱克逊问他,愿不愿意治疗?许先生说愿意。第一次开刀,许先生以为两个礼拜就可以出院了,结果却住了六七个礼拜,五年内总共做了五次矫正手术。

住在医院里,所有人,从医生到护士,都对许先生很好,但是身体的病痛,尤其是锯石膏之痛,令先生痛不欲生,"没经历过的人无法体会。锯到要开未开的时候,血一冲下去,痛到两眼发黑。有时候医生要打麻醉针,局部麻醉之后再打开,只是把石膏套子打开来,还是剧痛无比"。

除了许先生,那所医院里当时还住着很多其他不幸的小孩。有一个漂亮的小男孩,得了白血病,许先生看着他7岁进来,再看着他11岁时治疗无效被抬出去;还有一个永远长不大的女孩子，身形只有八九岁的样子，但实际年龄已经20岁，还是个驼背。当她表达对爱情的渴望时，抱着同样是病人的大男孩又哭又闹，看了真是令人心酸；还有做骨移植的黑人小孩，得了痴呆症的小孩……许先生因为跟医生、护士关系好，在病人里年纪又大，便常常去安慰、开解这些孩子，让他们尽量心情愉快，日子好过一点。

但许先生自己呢？身在异国，没有亲人；常年病痛，痛不欲生。他在头两三年常常想死，但死不了——动都动不了，你说怎么死？跳窗没法跳，想割腕也捡不到地上的玻璃碎片。真的是求生不得，求死不能。

在许先生后来对公众的谈话中，说得最多的苦是小时候经历的战乱，在死人堆里一再滚过。然而，那时候的许先生尚有亲人在侧，彼此保护，互相安慰。在美国的这段日子，谁来保护他？谁来安慰他？没有！许先生后来说："我一生很痛苦，不但身体苦，精神上也苦，两者紧靠在一起。"这种痛苦，留学五年病床上的体会尤为深刻。

然而，再不幸的人生，也总会有些许缝隙，透过一些光亮来。那五年里，支撑许先生挺过去的，除了国内亲人的牵挂、医护人员的关照，就是身边教授们的悉心爱护。顾立雅先生和其他的先生都会来到他的病床前，教他功课。他自己也在病床上持续不断地思考。他说："这些乐趣，让我平衡了不幸的感觉。"

我读许先生的书，心里一直有一个疑问。因为做先生课程，幸运地有了提问的机会："许先生，是什么让您历经苦难，却依然保有对生命的热忱和对人的关爱？"

许先生说："我生来残疾，行动不便，世人觉得苦，于我都是平常，习惯了。人老了，怕战争，因为见过战争里的苦，那么多人，并没有犯什么错，就这么死了，而我还活着，有什么想不通的呢？你见过苦难，你不能不生出慈悲来。每一个人的苦，都是你的苦。你不能不去关心他。人活着，不能只有欲望，得有灵魂。灵魂的形成需要知识，需要经历，更需要从知识和经历中思考和领悟到的智慧。我把我的感悟分享给大家，解不了每个人的苦，但是是个参考，是个指望。"所谓"恫瘝在抱"，其真义如此。

在课程直播测试过程中，老爷子数次笑开了花，像是一尊慈眉善目的菩萨。可是只要一说起世人心里的苦，老爷子就想掉眼泪，全然忘了自己："我从脖子到尾椎都被钉死了，不能动。医生每年两次给我动大手术，说能保我十年寿命。到今天差不多十年了！那医生真好！"——听得人想落泪。

许先生特别提到的为人处世之道，是儒家的忠恕原则。所谓"忠"，就是凭着自己内心定下的最好的做人原则，尽心而为。"你不能说我雕刻一件艺术品，雕了一半不雕了，扔了，那你这件艺术品就永远完不成。你的心也是件艺术品，经过你不断地改，不断地注意不要污染。让此心变得光明磊落,让此心不仅对自己忠实,更要紧的是,忠实地对待别人。这个忠不是忠于主人,也不是指忠于他人,而是尽心而为。"

所谓"恕",就是以很宽的尺度来衡量自己跟别人的相处之道。"我要拿很宽的尺度原谅人家的失误,但是要拿很严格的尺度将心比心,理解别人。这个是做人的基本原则。忠恕合起来就是仁爱的仁,两人相处之道谓之仁。"

这种为人之道,是中国儒家的传统,是无锡的家教,也是战争血泪记忆里开出来的花朵。"我看见满城的尸首,我们的房子被炸掉了,睡在街边上,夜里惊醒,看见阴兵过境,那个是精神极度紧张之后的反应:幻觉。一个人的幻觉可以拉动半座城,这种在集体心理上过分紧张之后产生的幻觉传染着。这些事情,让我接近人民,接近最弱的地方,生死关头、饥饿关头、罹难关头。我对生命因此特别重视,特别尊敬,也特别对别人的苦事能够感同身受。"

许先生说,我不在书斋里,我在人中间。

近年来,疫情、战乱、经济下滑,全世界似乎都难以找到一块安生乐土。许先生病痛之余,仍惦记着这个慌乱世界中更加慌乱的人心。在助理冯俊文先生协助下,鲐背之年的老人对外发声的频率反倒增加了。他劝诫世人往自己的内心求得安稳与平静,更以自身经历,勉励年轻人多学广问,不要自我设限。先生说:"你的心胸要开阔,要开放你的脑子,有好奇心、有好问心，不要固执一个范围，勿固勿必，既不要固守，也不要肯定，总是存一点可以讨论的余地。前辈给我们很了不起的东西，我们吸收，但是并不一定非要全盘接收，每个人都有自己特殊的思考过程。"

"世界的问题众多，你的思想就活泼。"

"放开眼睛去看，张开耳朵去听，天下没有一个东西，不是你的功课。"

2023年，许先生已经93岁高龄，全身只有一根小手指可以动。但是，经由先生口述、其助理整理出版的书籍仍有四本，即"文明三部曲"——《世界何以至此》《三千年文明大变局》《我们去向何方》，及其总结性作品《经纬华夏》。四本书内容各异，但其背后都是鲐背之年的老人对这个世界的一点希冀。这种希冀，其实早已经写在了《万古江河》的自序里。

"我们今日正在江河入海之时，回顾数千年奔来的历史长流，那是个别的记忆；瞩望漫无止境的前景，那是大家应予合作缔造的未来。"

后记　　理想的价值在于理想本身
/冯俊文

理想的价值,恰恰在于理想本身;明知其不可为而为之的道德勇气,脚踏实地、终身不渝的行动;这条道路无始无终、没有尽头,然而我们一代代人可以不断趋近,参与创造一个更为美好的世界。

2021年4月,混沌学园课程主任汤向阳和我联系,想邀请许先生做一场讲座,时间大约为一个半小时。此前,我们刚刚完成高山书院"许倬云十日谈",以及荔枝播客"许倬云教育十日谈"的系列课程,已经形成一套相对固定的模式;也更希望能够成体系地输出内容,在这个变化剧烈、充满不确定性的时代,留下来一些具有长久价值的东西。

于是,经过为期半年的筹备,有了"剧变时代的中国与世界"八讲的课程,以及与李善友、许纪霖二位教授的两次讨论。这一系列活动所探讨的问题,从人类几大文明的起源、"轴心时代"的突破,延伸到当下这一前所未有的"新轴心时代"所面临的种种变化、挑战;其最终的归结点,则是面临这一文明转换关口的人类共同体的前途和命运,尤其是经历过一百多年挣扎求存,发展到今日局面的中国,该如何自处、自立于世界。

那个阶段的许先生,大病初愈,身体的疼痛虽然有所减轻,却已经完全丧失行走能力;二老的生活,也因此正在经历新一轮系统的调适,其间所要面临的挑战和艰难,自不待言。这就使得,先生常怀朝不保夕的忧虑,更有种"时不我与"的急切心情:"他们肯与我交流,我就感觉时不我与,只能拼命去做。

后记

待会儿结束以后，我就没有力气了，需要躺下休养一段时间才能恢复，我不在乎。"（2021年9月7日晚，许倬云对话李善友）

记得当时，我正在准备去匹兹堡大学访学的各种手续；其间也数度和先生探讨，他是否还有余力，写出心中那本构思多年，与《万古江河》等齐而结构全然不同的中国通史。当然，后来历时一年半、八易其稿的《经纬华夏》顺利完成；但在那个时间节点上，我们确实怀有此种相当不确定的心情。所以，这本讲稿堪称《经纬华夏》的"先声"，二书的内在理路有颇多共通、呼应之处。

也正是在如此心情下，由许先生讲授，友人王瑜每周上门一次，录制完成了这一课程；向阳带领的项目组，则同步做后期工作。为了确保视频质量，混沌学园还专门购买了一部苹果手机寄到匹兹堡。许先生讲课的风格，向来大开大阖，尤其注重长时段、跨文化的比较；然而，混沌学园对于课程的要求，则倾向于条块清晰、结构井然。这就涉及具体而琐碎的诸多幕后工作，需要向阳来协调、处理——对一个非历史学专业出身的人而言，是份相当繁重而芜杂的工作。向阳性格真诚、热烈而坚忍，其间面临种种内外部的难处，许久之后她才向我吐露一二。

尤为精彩的是，2021年9月7日晚，那场在混沌学园北京演播厅的现场交流。创始人李善友教授诚挚的提问，很大程度上激发了先生的思维和感受。"我不贪生，但是我感觉时间不够……我想尽其所能，回馈社会，把我心中所思所想讲出来、留下来""我在做一个'儒家的和尚'""人生是一条还债之路""我的遗憾，是没有读更多的书""我们只有抱持这个梦想（为万世开太平），人类才能有长足进步的可能"……这些简单、朴素的言语，其力量足以穿越时间和空间。时至今日，依然难忘当时现场，许多同学眼中的泪水，以及热切的神情，善友教授则感叹："我深深地被触动到。"

于我而言，感触相当深刻的，则是先生关于"理想"的价值认定：他对《礼运·大同篇》人间理想的一再申述，对于"横渠四句""东林传统"的反复强调；以及垂暮之年"做一天和尚撞一天钟"，积极而坚定的对自我生命价值的认定，农夫般日复一日的"做工"。原本，对于这些传统儒家的理念，我持有相当程度的怀疑态度：大同世界，似乎是一个从未存在，也遥不可及的目标，其现实意义何在？直到2022年夏秋之交，某天有所领悟，我对先生坦言："我终于懂得了——理想的价值，恰恰在于理想本身；明知其不可为而为之的道德勇气，脚踏实地、终身不渝的行动；这条道路无始无终、没有尽头，然而我们一代代人可以不断趋近，参与创造一个更为美好的世界。"

从一开始我们就很明确，会整理出版一部与上述课程配套的讲稿，也就是呈现在大家眼前的《天下格局：文明转换关口的世界》。向阳他们在前期字幕环节，已经做了诸多扎实的核查工作。于我而言，这仍然是一段漫长而艰难的旅程：一旦

后记

进入出版领域，就涉及诸如口语与书面语表达的调适，段落与章节结构的整合、连缀，还需要考虑具体而微的细节如何表达得恰如其分，乃至做相关、有必要的补充。虽已无力亲自执笔，先生还是费时近一个月，指导我对书稿进行了逐句的修订。得此机缘，是我人生极大的幸事。

此外，本书附录还收录了2022年12月19日许先生与余世存老师的谈话，以及向阳专门为先生93岁所写的贺寿文章《许倬云：我不在书斋里，我在人中间》。这两个文本，都与本书主题密切相关：前者着重探讨了唐宋以来中国儒家的内在转变及其相关问题；后者则较为全面地梳理、介绍了先生的人生历程，尤其是先生立身处世的一些原则。余老师的问答，有着恰如其分的从容和现实关切；向阳曾是非常优秀的记者，其专业素养也在此展露无遗。

这部书稿的整理，是在诸多繁杂工作之余断续完成的，前后历时一年多。身处异国他乡，尤为需要感谢的，是好友新华的支持与安慰，让我时常从种种沮丧、力不从心中，重心鼓起勇气与信心，热爱这个世界。当然，还需要感谢博集天卷秦青兄长久的等待，以及精致而高效的编辑工作。

最后必须声明的是，成书若有任何错漏，文责在我。也请读者不吝指正，我的邮箱是：whufjw@126.com。

癸卯立秋夜深

冯俊文于匹兹堡

《剧变时代的中国与世界》系列课程
混沌学园相关人员名单

混沌学园创始人：李善友
CEO：曾兴晔
业务负责人：郝志中
课程组负责人：董梁

课程组：汤向阳、李尚文、张东亚、李宁远
视频组：陈华国、王朝阳、郭永红、董佩玉
　　　　周华、朱培宇、冯勇越、雷永烈
内容组：李逸博、张星、魏潇雅、赵滢、王磊
设计组：骆振华、杨起帆、朱兵
上海分社：胡凌、照相机

图书在版编目（CIP）数据

天下格局：文明转换关口的世界 / 许倬云著述；冯俊文整理. -- 长沙：岳麓书社，2024.8
 ISBN 978-7-5538-1947-1

Ⅰ.①天… Ⅱ.①许… ②冯… Ⅲ.①中华文化－研究②商业史－研究－世界 Ⅳ.① K203 ② F731

中国国家版本馆 CIP 数据核字（2023）第 183871 号

TIANXIA GEJU: WENMING ZHUANHUAN GUANKOU DE SHIJIE
天下格局：文明转换关口的世界

著　　者：许倬云
整　　理：冯俊文
责任编辑：丁　利
监　　制：秦　青
策划编辑：曹　煜
特约编辑：王　争　王心悦　陈新华
营销编辑：陈可垚　柯慧萍
封面书法：胡赳赳
封面设计：UNLOOK 广岛
版式设计：李　洁
内文排版：麦莫瑞
岳麓书社出版
地址：湖南省长沙市爱民路 47 号
直销电话：0731-88804152　88885616
邮编：410006
2024 年 8 月第 1 版　2024 年 8 月第 1 次印刷
开本：875 mm × 1230 mm　1/32
印张：8.75
字数：177 千字
书号：ISBN 978-7-5538-1947-1
定价：68.00 元
承印：北京嘉业印刷厂

若有质量问题，请致电质量监督电话：010-59096394
团购电话：010-59320018